数字营销系列丛书
周茂君　主编

数字营销效果测评

朱磊　崔瑶　著

科学出版社
北京

内 容 简 介

本书共分为七章。第一章解析数字营销概念，并对数字营销效果测评模型进行了历史梳理；第二章从语境理论深入场景理论，提出人、物、时、空、价值观五个场景要素。第三章至第七章运用场景思维，分别介绍了电子邮件、搜索广告、网络视频广告、在线展示广告和社交媒体营销的效果测评指标。本书结合国内外研究报告和营销实例，全面介绍数字营销效果测评的原理和方法，体现数字营销效果测评的场景化趋势。

本书兼具理论性和实践性，适合用作高校广告学、市场营销学、网络与新媒体等专业的教学用书，以及广告、营销、公关、传媒等行业从业人员的入门书籍。

图书在版编目（CIP）数据

数字营销效果测评 / 朱磊，崔瑶著. —北京：科学出版社，2020.4
（数字营销系列丛书）
ISBN 978-7-03-059789-2

Ⅰ. ①数… Ⅱ. ①朱… ②崔… Ⅲ. ①网络营销-效果-测评 Ⅳ. ①F713.365.2

中国版本图书馆 CIP 数据核字（2018）第 280571 号

责任编辑：郝 静 / 责任校对：王丹妮
责任印制：张 伟 / 封面设计：楠竹文化

科学出版社 出版
北京东黄城根北街 16 号
邮政编码：100717
http://www.sciencep.com
北京厚诚则铭印刷科技有限公司印刷
科学出版社发行 各地新华书店经销

*

2020 年 4 月第 一 版 开本：720×1000 1/16
2024 年 1 月第三次印刷 印张：12
字数：180 000

定价：48.00 元

（如有印装质量问题，我社负责调换）

“数字营销系列丛书”编委会名单

推 荐 序

“风乍起，吹皱一池春水”，这是南唐词人冯延巳的著名词句，用它来形容当前已然来临的数字营销时代，最为恰切。数字时代的这个“风”就是新技术，正是它引领着数字媒体发生着深刻变革，影响着人们的工作状态、生活方式和阅读习惯，进而颠覆着媒体市场、广告市场和营销市场的运行规则。在这里，广告主在传统媒体时代简单的广告营销逐渐被数字时代注重官网、两微一端和搭建营销平台的“自营销”所取代；报刊、广播、电视等传统媒体依靠采编、经营双轮驱动已悄然改变，代之而起的是以内容运营、用户运营和活动运营为主的数字媒体运营；广告代理公司（绝大多数转型为数字营销公司）为迎接数字时代的到来，正在经历着从经营理念、组织架构到运作流程、业务模式的阵痛与蜕变，以便更好地服务于广告主。

数据成为数字营销市场的核心竞争力，得数据者得天下。广告主可以凭借其拥有的第一方数据，借助其官网和微博、微信，自建APP，搭建营销平台，进行品牌宣传与产品营销；数字媒体则依靠其垄断的第二方数据资源和头部媒体优势，在营销市场纵横捭阖、所向披靡；传统广告公司在过去时代曾经拥有的创意、策划等专业性优势，在数字时代逐渐被广告主和数字媒体蚕食，而“去中介”的行业诉求正在加重其生存危机，逼迫其通过搭建数字营销平台（垂直）和重构专业性实现浴火重生与凤凰涅槃。而原生广告和内容营销也颠覆着人们“内容是内容”“广告是广告”“二者要具有可识别性”的认知。前者将品牌信息深度植入媒体内容，并使二者融为一体；后者更强调将媒体内容作为营销工具为品牌广告或效果广告服务。此时，在数字营销市场，内容即广告，广告即内容，过去那种纯粹的内容与纯粹的广告再难见到，无论内容还是广告，都是为营销服务、为广告主服务。一切皆处于变化之中或在变化的路上，而唯一不变的就是变化，这就是时下的数字营销时代。

正是在技术引领、规则被颠覆、市场变革已然成为现实的情况下，周茂君教授组织编写了这套数字营销系列丛书——《数字营销概论》《数字营销策划与创意》《数字内容营销》《数字品牌营销》《数字平台营销》《大数据营销》《数字营销公司经营与管理》《数字媒体运营》《数字营销效果测评》《数字营销伦理与法规》。本套丛书一共 10 本，从书名可以见出其独特之处：其一，大营销观的独特研究视角。本套丛书坚持大营销观，让广告回归营销，恢复广告是市场营销一部分的本来面目，处处从大营销的角度展开论述；立足于大营销，从营销参与者、营销要素和营销过程的角度来确定相关的书名、章节。其二，勾画史的线索与立足数字营销实践。丛书的每本书皆坚持勾画出从传统媒体到数字媒体、从传统广告到数字广告和从传统营销到数字营销的“史”的线索和发展脉络，让读者能从中见出从传统时代到数字时代的演进轨迹；同时丛书作者并没有局限于对数字营销做从理论到理论式的研究，而是立足于数字营销实践，更多地从业界的视角去透视、研究相关的理论问题，这就使其研究更重实际，也更接地气。其三，本套丛书既关注理论前沿问题，注意吸收和借鉴国内外数字营销研究的最新成果，又注重这些基本理论的实际应用，并将基本理论、实际应用和案例点评很好地结合在一起，形成独具的特色。

数字营销在国外才出现短短 20 多年时间，在国内出现的时间更短，无论国外还是国内对它研究的时间都不长，可以说才刚刚起步，对数字营销进行系统研究的系列著作则更少。希望以周茂君教授这套数字营销系列丛书为起点，国内涌现出更多的作者和更多的研究成果，早日迎来数字营销研究的收获期。

是为序。

强月新

2019 年 10 月

“数字营销系列丛书”前言

1994 年 10 月 14 日，美国《热线杂志》网络版刊出美国电话电报公司（American Telephone & Telegraph，AT&T）等 14 则广告主的图像和信息，标志着网络广告的正式诞生，也宣告了数字营销时代的来临。这场由新技术引发媒体市场、广告市场和营销市场的变革方兴未艾，其对未来的影响巨大而深远，甚至是颠覆性的。有人曾用“变化是当前唯一不变的主题”这句话来加以形容，无疑是对数字营销市场状况的真实写照。

尽管数字营销已经走过了 20 多年的发展历程，但是迄今为止仍然没有一个大家公认的权威定义。国外部分学者或营销专家对数字营销提出了一些看法，有两方面的内容值得关注：其一，数字营销是一种全新的营销方式。他们认为数字营销“也称为电子营销”[①]，是“利用数字技术帮助营销活动”[②]，是“将互动媒体与营销组合的其他元素相结合”[③]，是“一种全新的营销方式”[④]。其二，数字营销有利于与消费者建立关系并实现营销目标。他们强调数字营销“使消费者和

---

① Smith K T. Digital marketing strategies that millennials find appealing, motivating, or just annoying[J]. Journal of Strategic Marketing，2011，19（6）：489–499.

② Bala M，Verma M D. A critical review of digital marketing[J]. International Journal of Management，IT & Engineering，2018，8（10）：321–339.

③ Parsons A，Zeisser M，Waitman R. Organizing today for the digital marketing of tomorrow[J]. Journal of Interactive Marketing，1998，（1）：31–46.

④ Wind Y，Mahajan V. Digital Marketing：Global Strategies From The World's Leading Experts[M]. New York：John Wiley & Sons，Inc，2001.

企业建立了双向联系，且消费者可以更为便捷地接触到产品和服务”①，能够“与用户建立更深层次的关系”②，“通过数字媒体、数据和技术与传统传播相结合实现营销目标”③。

鉴于此，我们试着给数字营销下了一个定义：它又名在线营销，是利用网络技术、数字技术和移动通信技术等技术手段，借助各种数字媒体平台，针对明确的目标用户，为推广产品或服务、实现营销目标而开展的精准化、个性化、定制化的实践活动，它是数字时代与用户建立联系的一种独特营销方式，具有深度互动性、目标精准性、平台多样性和服务个性化、定制化等特征。

在数字营销行业，大数据、区块链、虚拟现实、物联网、超级计算等技术领域在全球发展势头良好。数字媒体的内容生产、产品形态和推送渠道都更加丰富，网络广告的生产、推广和监管也随之更加多元化和规范化。移动互联网的普及在很大程度上改变了人类生活的方方面面，用户的媒介使用习惯和消费行为都发生了巨大改变，数据资源成为各家公司争夺的重要生产要素。

正如 Actifio 首席执行官 Ash Ashutosh 所说：“Airbnb 是最大的酒店服务机构，但它却没有一间酒店房间；Uber 是最大的出租车服务公司，但公司却没有一辆出租车。”④数据已经成为各类公司的核心命脉，自然也深刻地影响着数字营销观念及思维方式的变化。

过去，广告人围坐在会议桌前，仅仅靠头脑风暴和无限的创意就能敲定广告方案的时代已经不再。现在的数字营销从业者更像是股票交易员，他们坐在电脑前，瞬间即可在在线广告交易平台上完成广告位的购买与销售。运算法则的输出结果能实时、准确地根据用户数据决定不同的产品广告应当在哪一个网页或终端

---

① Durmaz Y, Efendioglu I H. Travel from traditional marketing to digital marketing[J]. Global Journal of Management and Business Research，2016，16（2）：34-40.

② Royle J，Laing A. The digital marketing skills gap：developing a digital marketer model for communication industries[J]. International Journal of Information Management，2014，（2）：65-73.

③ Chaffey D，Ellis-Chadwick F. Digital Marketing：Strategy，Implementation and Practice[M]. 5th ed. New York：Pearson，2017.

④ Tunguz T，Bien F. 大数据浪潮——企业文化、高效团队和商业奇迹[M]. 宫鑫，谢金秀，刘婷婷，译. 北京：人民邮电出版社，2017.

设备中投放，同时准确地选择出向不同的用户投放哪一个版本的广告内容。广告交易平台可以根据访客曝光量或转化率为付费用户准确地计算出广告费用，并通过代码监测向广告主们及时地反馈广告投放到目标用户的效果。一定的数据分析能力以及对于数字管理系统熟练的操作能力，似乎已经成为广告营销人员必备的职业技能，过去的“广告狂人”正在向现在的“数据达人”转变。

数字化的传播手段和传播内容对数字营销行业的影响主要在三个方面：其一，广告交易制度的改变。网络投放与广告管理系统的开发有力推进了网络广告市场的规范化运作。与常规的人工购买相比，基于自动化技术和数据系统来进行广告投放的程序化购买平台可以极大地改善广告购买的效率、规模和投放策略。其二，广告产品形态的多元化。随着媒介形态的多样化，技术手段的日益革新，网络广告的形式由最初的展示广告拓展到搜索引擎广告、富媒体广告、短视频广告、电商广告等丰富的产品形态。通过与不同行业的跨界合作，产品营销方式也多种多样，社交媒体、电商平台、新闻资讯平台、娱乐平台以及各传统媒体平台交融合作，打造从线上到线下的营销闭环，更加贴近消费者的生活场景与兴趣爱好。其三，广告主营销理念的转变。广告主开始注重广告营销效果的“品效合一”，他们既关注广告投放后品牌或产品知名度的推广，同时也希望能看到更加直接的销售转化效果。第三方监测公司的出现使得数字营销产业链逐步趋于完整，广告主对于广告效果的把控更加客观真实。

面向全球市场的数字营销生态链基本形成，不同类型的数字营销公司纷纷搭建自己的数据平台，相互聚集。它们的“整合”绝不仅体现在媒体、渠道与终端，而且更深刻地呈现于整个行业格局的变化与发展之中。一些传统的广告传播集团通过大规模的并购、收购，整合数据资源、拓展数字营销业务，转型成为数字营销集团。一些独立的代理公司、数字技术公司和数字媒体纷纷展开合作，试图为广告主提供更加一体化、一站式的网络营销服务方案。目前，数字营销行业的广告代理公司分布有以下三个特点：其一，独立代理公司渐成气候。独立代理公司能够快速响应市场趋势，并且具有扎实的市场洞察。其二，代理商结构、层级多样化。广告主新设立的 In-house 团队、媒体下属的数字营销公司，以及市场上原有的广告代理公司相互协调合作，不同团队之间专业营销者的对话提高了数字营销的效率，但对数字营销公司来说，其在产业链中的地位则受到越来越大的威胁。其三，内容创作的质量以及分析效果的能力拉开了数字营销公司之间的差距。营销者讲故事的能力、获取和分析数据的能力，以及利用数据促进消费者互动和销售转化的能力，对于吸引广告主来说至关重要。

在数字营销行业环境的风云变幻中，广告主、数字媒体和数字营销公司作为行业发展的三大运行主体，在迎接变革与挑战的过程中，势必要经历残酷的竞争与痛苦的蜕变，能在这场变革中生存下来的，都是能顺应时代潮流、适时改革创新的佼佼者。

数字时代已然来临，技术引领、规则被颠覆、市场变革已是不争的事实。面对已然来临的数字时代，只有迎接挑战而不是回避。因此，编写这套数字营销系列丛书主要出于如下考虑：

（1）系列丛书将秉承五个原则：其一，以“营销主体”“营销内容”“营销平台”“营销对象”“营销管理”五个方面作为研究对象。其二，坚持大营销观，让广告回归营销，恢复广告是市场营销一部分的本来面目。其三，立足于大营销，从营销参与者和营销过程的角度来确定相关的书名、章节。其四，每本书皆勾画出从传统营销到数字营销的发展线索和脉络，使读者能从每本书上见到数字营销时代的新变化。其五，每本书在研究内容上既要相互有关联，又要厘清彼此间的研究边界而不至于重复。

（2）本套丛书既关注理论前沿问题，吸收和借鉴国内外数字营销研究的最新成果，又注重这些基本理论的实际应用。在具体编写过程中，将基本理论、实际应用和案例点评相结合，展现出独具的特色：其一，基本理论部分。对数字营销涉及的理论问题，只作概括性叙述，不进行全面性描述，对其基本原理，力争深入浅出，易学易懂。其二，实际应用部分。这是本套丛书每本书的写作重点，这个思路将贯穿于每本书的编写之中。其三，案例点评部分。每本书的大部分章节都要求安排与本章内容相关联的案例点评，用具体的案例点评，来回应前面的基本理论和实际应用。

（3）本套丛书在编写过程中尽力做到有思想、有创见、有全新体系，观点新颖，持论公允，风格力求简洁、明了、畅达，并在此基础上使行文生动、活泼、风趣。

这套丛书从 2016 年底提出计划到现在即将付梓，前后历时三年。由主编周茂君提出总体构想以及 10 本书的书名；然后是聘请作者参与编写。由于时间较长，作者几经变化，其间的艰难困顿难以言述，好在艰难时刻皆已过去，相信未来一定能见到彩虹！

这套书的顺利面世，需要感谢的人很多。首先，要感谢丛书编写团队的每一位作者，正是你们的辛勤付出才迎来了现在的累累硕果。其次，要感谢武汉大学新闻与传播学院的强月新院长、洪杰文副院长的大力支持。强院长不仅平时十分关注丛书的编写，还在百忙之中为本套丛书撰写了序言；洪副院长作为本套丛书的副主编，参与了丛书编写过程中不少具体事宜，并提出了建设性意见。最后，要感谢科学出版社的来豫蓉女士、陈亮先生、鄢德平先生、张宁女士、马跃先生、郝静女士等，从出版合同的拟定到具体编辑工作的落实，点点滴滴，处处都留有你们辛勤的身影。

数字营销的研究在国内还处于起步阶段，没有现成的研究成果可以借鉴，书中的不妥之处，恳请各位读者批评指正。

周茂君　于武昌珞珈山

2019 年 10 月

目 录

Contents

第一章　数字营销效果

每个城市人每天的生活简单而重复，然而城市人接触的数字媒介终端却复杂多样，从睁开眼的那一刻开始，城市人就在不断接触各种数字终端。可以说，城市人每天生活在数字的世界里，他们不经意的触碰、回眸都在接受数字广告信息。在数字信息浩如烟海的城市中，数字营销效果的评估显得尤为重要。表 1-1 为城市女孩 City 的一天。

表 1-1　城市女孩 City 的一天

时间	项目	活动及场景	可能接触的媒介终端	媒介终端类型
7：00	起床	手机闹铃叫醒功能	智能手机	手机媒介
7：00~8：00	准备上班	洗漱化妆	资生堂洗面奶、Oral-B 牙膏、雅诗兰黛粉底液	产品终端媒介
		吃早餐	桂格燕麦片、蒙牛早餐奶	产品终端媒介
		换装	H&M 连衣裙、Zara 鞋子	产品终端媒介
8：00~9：00	上班路上	走路到地铁站	户外平面广告、户外 LED 大屏、车站广告、公交车厢广告、地铁车厢广告、手机广告	户外媒介、产品终端、大众媒介
		地铁上	手机广告、地铁电视	社交媒介、移动媒介
		走路到公司	派发的外卖传单、电梯间电视、电梯广告、楼宇广告	DM 广告媒介、楼宇媒介、分众媒介
9：00~18：00	上班时间	打开电脑，开始工作	电子邮件广告、网页广告、与同事聊天	网络媒介、大众媒介、人际媒介
18：00~19：00	下班路上	走到地铁站，坐地铁，再走回家中	看小区布告栏、查看信箱	社区户外媒介、DM 媒介

续表

时间	项目	活动及场景	可能接触的媒介终端	媒介终端类型
19：00~20：00	晚餐时间	制作晚餐，看电视，学做水果沙拉	购物袋内的超市传单、水果产品包装、电视广告、植入广告、原生广告	产品终端媒介、大众媒介、电影或电视剧媒介
20：00~22：30	休息时间	看电视，刷手机，打电话，聊天，逛网店，洗浴准备睡觉	看网剧、刷微博、刷抖音、给妈妈打电话、和好友进行语音视频聊天、上微信跟朋友聊天；逛淘宝、小红书等；用 OLAY 洗浴全套洗澡；喝一杯蒙牛纯甄酸奶、躺进宜家购置的床垫上美美睡一觉	大众媒介、网络媒介、手机、产品终端媒介

第一节　什么是数字营销

数字营销（digital marketing）就是营销组织使用数字化媒体渠道，针对特定的对象，基于一定的营销目标开展的营销活动。通俗地说，数字营销也就是利用数字渠道向消费者推销产品或服务。数字营销会让我们联想到“在线营销”（online marketing）或“电子营销”（e-marketing），然而，数字营销也包括不使用网页的渠道。它包括移动营销、社交媒体营销、户外 LED 广告、搜索引擎营销（search engine marketing，SEM）和其他任何形式的数字媒体营销方式。因此，大多数学者认为，“数字”不仅仅是一种营销渠道，“它需要一种新的营销方法和对顾客行为的新理解”。和传统营销相比，数字营销需要从更多维度来量化数字媒体渠道或应用软件的营销传播价值。这就要求我们不仅要对数字媒体渠道及其用户需求有更加深刻的理解，还需要对数字媒体的技术应用场景和用户所处场景的匹配性有更加深入的认识。例如，我们要推广一款外卖手机应用，推广效果的评估不仅包括应用下载量、用户注册数和转化率，还需了解该款产品所提供的服务与用户所处位置、时间以及用户场景需求的匹配度。

从营销传播平台来划分，数字营销大致可分为传统数字营销、社会化媒体营销、图像与视频营销、搜索引擎营销和数字整合营销五种形式。其中，传统数字营销主要依赖 Web 1.0 平台，包括网页广告、电子邮件营销和传统意义上的电子商务营销。社会化媒体营销是目前最主流的数字营销形式，社区论坛、即时通信（微信、QQ 等）、微博、知识分享平台等都是重要的社会化媒体营销平台。图像与视频营销是既古老又新潮的营销形式，它与数字技术结合，产生了数字电视、虚拟现实（virtual reality，VR）和增强现实（augmented reality，AR）等传播形式。它和社交媒体结合，又产生了网络视频营销、图片分享平台广告、直播营销等许多崭新的营销形式。广义上的搜索引擎营销包括搜索引擎优化（search engine optimization，SEO）和关键词广告，之后，和社交媒体结合，又产生了社交媒体优化（social media optimization，SMO）这一分支领域。数字整合营销是整合了多种传播手段的营销形式，如场景营销、原生广告、同源跨屏、游戏营销和社会化客户关系管理（social customer relationship management，SCRM）。

在移动新媒体和数字技术迅猛发展的背景下，数字传播平台日新月异，营销方式奇招迭出，创意内容精彩纷呈。但与此同时，对广告主和营销人员而言，数字营销实践也面临着前所未有的挑战。《尼尔森-腾讯视频广告效果评估项目结案报告》表明：有 68%的广告主认为“评估数字营销效果”是数字营销中的一项重大挑战；44%的广告主认为“数字媒体平台碎片化没有统一标准，投放耗时耗力”；40%的广告主认为“人群识别障碍造成无法精准投放”。此外，广告主还认为新媒体环境下缺少有效的媒介选择工具（36%）；缺少有效的媒介投放理论（30%）；要协调传统媒体和数字媒体（24%）；应制订整体媒介预算分配方案（22%）；缺少对平台数字营销能力的了解（20%）；目前数字营销计费模式不够合理（16%）。数字营销环境下，这些问题也是广告从业者在评估广告效果时所面临的挑战。

在数字营销理论与测评工具匮乏、测评标准尚未统一的背景下，一些市场研究公司通过修正传统营销效果理论，尝试开发数字营销效果评估模型。例如，尼尔森在评估腾讯视频广告效果时，采用了“触达（reach）×共鸣（resonance）=反应（reaction）”模型，并借助尼尔森数字广告收视率、尼尔森数字品牌效应、线上/线下多点接触模型等工具来实现测量。图 1-1 为尼尔森营销效果评估模型和基本指标。

触达（reach）	共鸣（resonance）	反应（reaction）
•广告关注人数 •广告跨屏覆盖 •广告关注人群特性 •目标人群触达	•品牌认知度（认知） •品牌喜好度（情感） •品牌参与度（行动） •品牌预购度（行动） •品牌推荐度（行动）	•购买 •搜索 •讨论 •分享 •推荐

图 1-1　尼尔森营销效果评估模型和基本指标

按照尼尔森对营销活动效果评估的理解，触达是指广告媒介的投放效果。例如，有多少人看了广告，广告对不同媒体（跨屏投放）的覆盖度，广告关注人群有哪些特征，是否触达到目标人群。共鸣是指广告媒体价值，如广告对品牌指标的提升情况，具体指标包括品牌认知度、品牌喜好度、品牌参与度、品牌预购度、品牌推荐度等。反应指的是整体市场营销活动效果，如广告是否有效促进了消费者的购买、搜索、讨论、分享和推荐等行为。

从上述评估模型案例中可以发现，目前数字营销传播效果的测评，在实务上仍然依赖传统的营销效果理论和测评工具。同时也可以看出，数字营销传播效果理论实际上是建立在传统营销效果理论基础上的。

第二节　数字营销效果测评模型的进化史

一、传统广告消费者行为模型

为了直观地理解数字营销效果，指导数字营销效果测评实务，营销人员需要深入理解数字营销时代的消费者行为，并尝试构建消费者行为模型。一个有价值的模型具有简明性、可记忆性和可操作性的特点。简明性是指模型能够准确、严密、生动地反映出消费者行为的规律和特点。可记忆性是指模型的名称能够朗朗上口，便于记忆，一般使用英文单词或中文拼音的首字母作为模型名称。模型名称可以是关键指标首字母组成的单词，如 AIDA（Attention，Interest，Desire，Action），也可以是短语单词首字母的缩写，如 CBBE（customer-based brand equity，基于消费者的品牌价值）等。可操作性是指模型有实践价值，根据模型构建的指标体系能够经得起检验。图 1-2 为消费者行为模型分类。

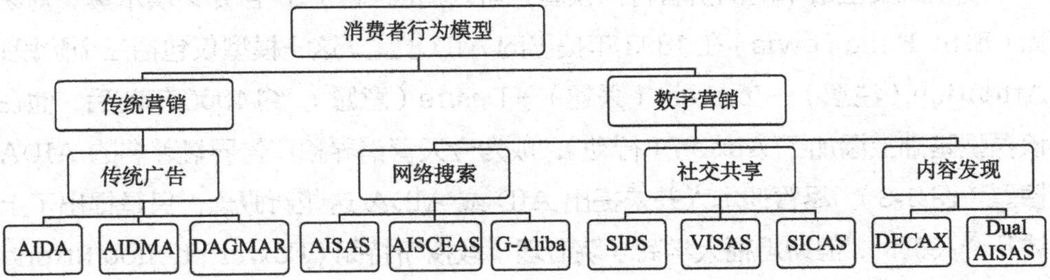

图 1-2 消费者行为模型分类

营销传播效果的测评与该时代的主要营销媒介密切相关，随着数字媒体的革新和消费者行为模型的变化，营销观念也随之改变。例如，以推销员为主要销售方式的时代所推崇的是推销员出色的推销演说，印刷媒体时代提倡让读者认真阅读印刷广告，电视广播时代鼓吹高频高覆盖的广告模式，而网络媒体为主体的时代则推崇用户场景的塑造等。不同时代消费者行为模式的变化，也带来了营销效果测评理论的变革，如印刷时代的 AIDMA（Attention，Interest，Desire，Memory，Action）、电波媒体时代的 DAGMAR（defining advertising goals for measured advertising results，达格马模式）、互联网时代的 AISAS（Attention，Interest，Search，Action，Share）等，都是具有里程碑意义的营销传播效果测评模型。高木浩一认为，按照诞生时间，消费者行为模型大致可以分为传统广告型、网络搜索型、社交共享型、内容发现型等四种类型[①]。该分类虽然不能涵盖所有的营销形态，但在理论和实践上仍具有一定的说服力。

首先，我们来了解一下传统广告消费者行为模型。传统广告本身不属于数字营销的组成部分，但它是数字营销的重要基础和基本前提，因此，要了解数字营

① 高木浩一. VISAS・SIPS の法則【ソーシャルメディア共有型の消費者行動モデル】. https://swingroot.com/visas-sips，2018-03-10.

销效果，不能回避传统营销效果的理论与方法。传统广告效果评价的基本思路一般包括认知评价、情动评价和行动评价三个方面。

（一）AIDA 模型和 AIDMA 模型

现代意义上最早的消费者行为模型，可以追溯到美国广告专家埃尔莫·刘易斯（E. St. Elmo Lewis）在 1898 年提出的 AID 模型。这一模型仅包括三个阶段：Attention（注意）—Interest（兴趣）—Desire（意愿）。约 1900 年前后，他在该模型基础上添加了 Action（行动），成为今天营销界和广告界最著名的 AIDA 模型（图 1-3）。尽管他本人并未提出 AID 或 AIDA 这些新概念，只是提出了上述几个关键词，但斯坦福大学商学院心理学教授斯特朗（Edward Kellog Strong Jr.）将这些模型的原创归功于刘易斯。Strong（1925）认为 AIDA 模型可以解读广告和销售场景中顾客心理的变化。AIDA 模型是今天我们见到的绝大多数消费者行为模型的原型，因此，直到今天它仍然是营销界最为经典的消费者行为模型。AIDA 模型清晰地说明了人们在卖场看传单或面对推销员时的心理过程。同时，它也是广告文案的经典法则，即“AIDA 法则”。

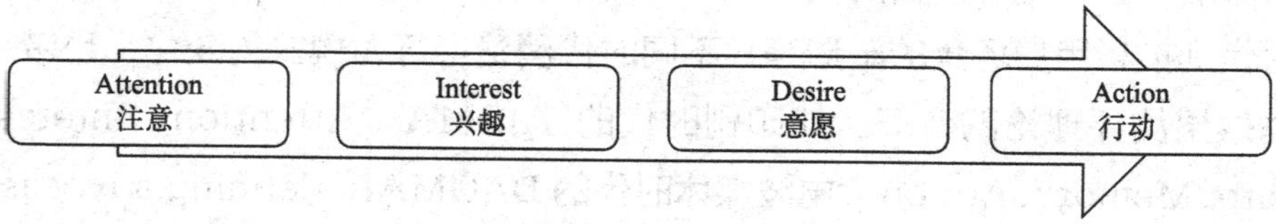

图 1-3 AIDA 模型（约 1900 年前后）

此后，一些学者在 AIDA 模型的基础上，通过补充或修正部分指标，进一步提出了 AIDA 模型的变种。其中较著名的有 AIDAS 模型、AIDCA 模型和 AIDMA 模型（图 1-4~图 1-6）。美国广告学家谢尔顿对 AIDA 模型进行了补充，加上了消费者使用后的满足（Satisfaction），进一步提出了 AIDAS 模型。他认为 Attention（注意）→Interest（兴趣）→Desire（意愿）→Action（行动）→Satisfaction（满足）更符合消费者行为决策的心理过程。斯特朗则认为，AIDA 模型的“行动”之前应加上一个“Conviction（确信）”的步骤，将 AIDA 模型修正为 AIDCA 模型。

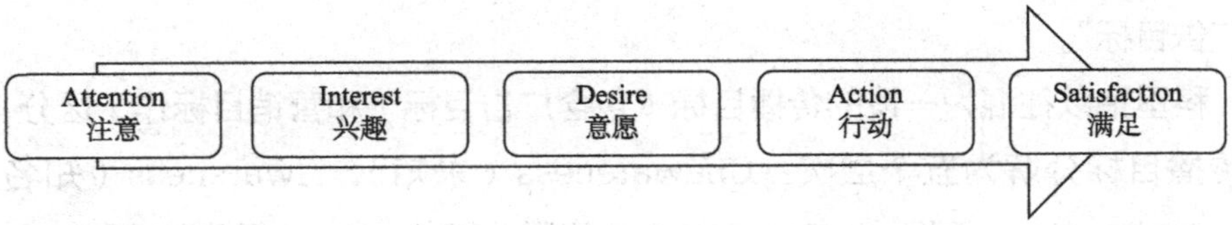

图 1-4　AIDAS 模型（1925 年）

图 1-5　AIDCA 模型（1925 年）

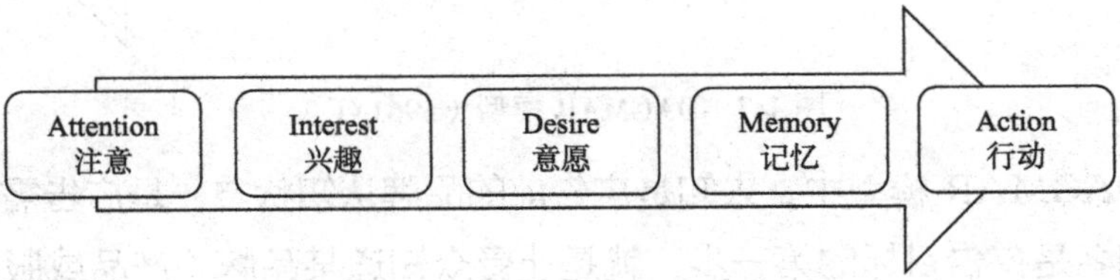

图 1-6　AIDMA 模型

关于 AIDMA 模型的起源，主要有两种不同的观点，一种观点称 AIDMA 是 1898 年由美国广告学家刘易斯最先提出的，但未提供可信的依据。另一种观点认为它是霍尔于 1924 年在 *Retail advertising and selling* 一书中提出的。事实上，霍尔在该书中并未直接提及 AIDMA 一词，也未将 Attention、Interest、Desire、Memory、Action 这五个单词联系在一起进行阐述[①]。AIDMA 模型将消费者接触广告的心理过程分为五个阶段，即 Attention（注意）→Interest（兴趣）→Desire（意愿）→Memory（记忆）→Action（行动）。

（二）DAGMAR 模型

1961 年，美国广告学专家 R. H. 科里在全美广告主协会上首次全面论述了广告效果评估的方法——DAGMAR 模型，即“defining advertising goals for measured advertising results”的单词首字母缩写，意为“衡量广告效果而确

① Hall S R. Retail Advertising and Selling. New York：McGraw-Hill Book Company，1924.

定广告目标”。

科里把以往混为一谈的传播目标（包含广告目标）和营销目标作了区分，并将传播目标分解为五个层次：Unawareness（未知）、Awareness（知名）、Comprehension（理解）、Conviction（信服）和 Action（行动）（图 1-7）。他认为，传播目标的每个阶段都应设立对应的量化指标（如品牌知晓率等），在广告前和广告后进行调查，就可以基于调查结果设定明确的广告目标并测量广告效果。

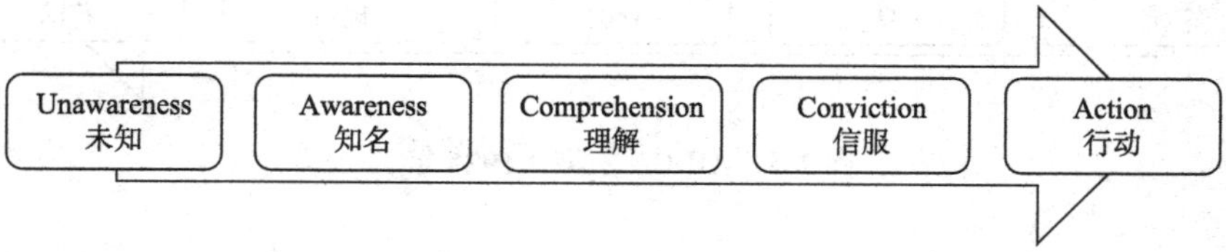

图 1-7　DAGMAR 模型（1961 年）

在 DAGMAR 模型中，未知是广告前的品牌认知状态，是广告需要解决的问题；知名是广告目标的第一步，就是让受众知道某品牌（产品或服务）的存在；理解指受众通过广告不仅要知道品牌的存在，还应知晓该品牌的卖点，即理解广告表达的内容；信服指受众经过广告接触之后，对品牌产生积极的心理倾向并产生购买意愿；行动指受众经历广告未知、知名、理解和信服阶段之后产生消费行为。

以上介绍了几种传统广告消费者行为模型，它们共同的特点如下：①都是线性模型；②大都可分解成认知、情动和行动三个阶段；③都是假设消费者的行为是理性的，其心理过程是稳定不变的，甚至没有顺序上的变化。表 1-2 对传统消费者行为模型进行了比较。笔者将收集到的 1898~1982 年出现的 29 个消费者行为模型做了词云图（图 1-8），从中可以发现，传统广告消费者行为模型中最重视的关键词为（括号内为出现的频次）Attention（18）、Action（15）、Interest（14）、Desire（10）、Conviction（7）、Stimulation（6）、Perception（6）、Evaluation（6）、Awareness（6）、Comprehension（5）。由此可见，“注意”“兴趣”“意愿”“行动”是传统营销效果评价最受重视的四个阶段，尤以消费者行为的首尾两端——“注意”和“行动”为重。

表 1-2　传统消费者行为模型比较

模型名称	认知阶段	情动阶段	行动阶段
AIDA	Attention（注意）	Interest（兴趣） Desire（意愿）	Action（行动）
AIDCA	Attention（注意）	Interest（兴趣） Desire（意愿） Conviction（确信）	Action（行动）
AIDMA	Attention（注意）	Interest（兴趣） Desire（意愿） Memory（记忆）	Action（行动）
AIDAS	Attention（注意）	Interest（兴趣） Desire（意愿） Satisfaction（满足）	Action（行动）
DAGMAR	Unawareness（未知） Awareness（知名）	Comprehension（理解） Conviction（信服）	Action（行动）

图 1-8　1898~1982 年出现的 29 个消费者行为模型词云图

传统广告效果测评一般在上述模型基础上构建具体指标，测评指标也大致对应认知、情动和行动三个阶段。例如，认知阶段的指标有电视开机率、报纸订阅率、广告收视率、广告到达率、广告注目率、品牌回忆率等；情动阶段的指标有广告喜好率、品牌喜好率等；行动阶段的指标有购买意愿率、品牌推荐率等。

二、网页搜索型消费者行为模型

随着互联网的普及，人们消费和沟通的方式发生了巨大变化。20 世纪 90 年代，网页搜索引擎开始普及，人们开始使用网页搜索功能来检索产品或服务信息。在“接触点”营销思想的指导下，催生了一批新的消费者行为模型，其中最著名的是 2005 年成为电通公司注册商标的 AISAS 模型。图 1-9 为电通公司对 AISAS 模型的解读。人们在电视、户外广告中“注意”到商品或服务信息，如果感“兴趣”，会上网“搜索”详细信息，然后决定是否“行动”。如果消费者产生购买行为，就有可能通过论坛、口头等渠道“分享”商品信息，分享的内容会让其他消费者有更多机会搜索到它。AISAS 模型形象地反映了这一消费行动过程（图 1-10）。

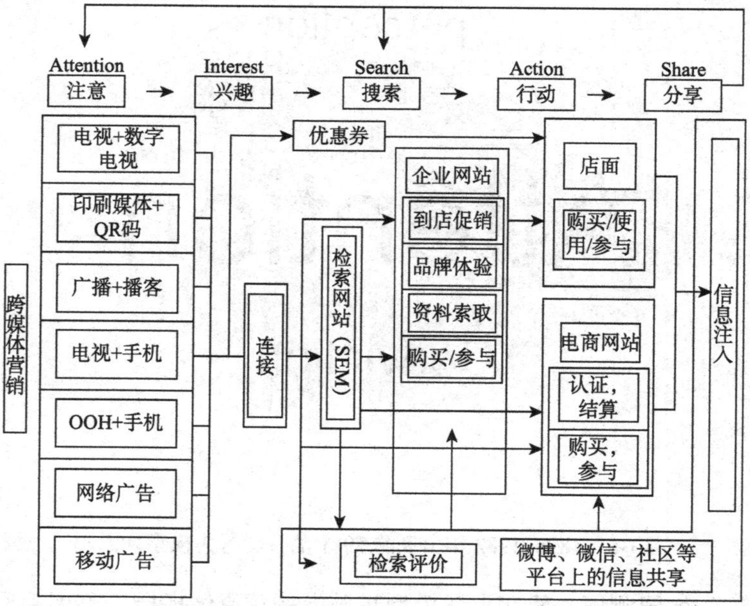

图 1-9 电通公司对 AISAS 模型的解读

QR 为 quick response 的缩写，意为快速反应；OOH 为 out of home 的缩写

资料来源：电通株式会社. 电通の事业展开. 電通アニュアルレポート，2007，(3)：16

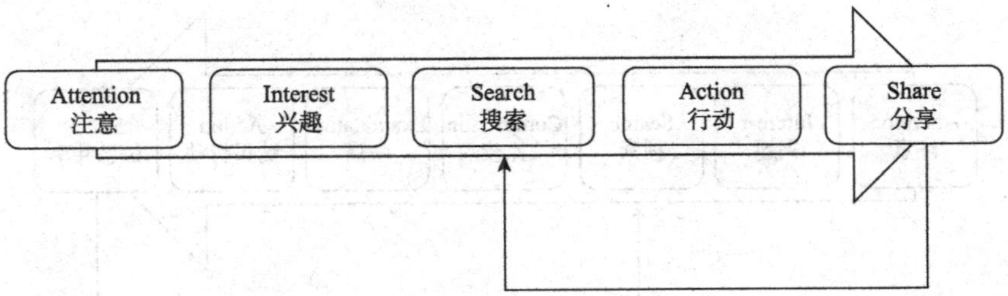

图 1-10　AISAS 模型（1995 年）

尽管 AISAS 是由电通公司提出的一种消费者行为模型，但在营销效果测评乃至市场研究中，该模型的应用仍然非常广泛。具体而言，将 AISAS 模型各指标分别对应若干题项，在各个题项下设若干问题，调研后即可获得对应指标的测评数值。例如，在某品牌手机营销效果测评中，我们设定 Search 这一指标的对应题项为“收集信息”，设置“是否收集信息”和“从哪些渠道收集信息”两个问题，就可发现受访者在 Search 这一阶段的表现。例如，有 60%的受访者会进行信息收集；“通过朋友/熟人”和“通过店家”收集信息比例较高。

AISAS 模型也有局限。首先，由于它是基于检索网络平台的模型，因此更适合那些意识到自己显在需求的用户。如果用户不知道或不清楚自己的需求，或者自己的需求无法用适合的词语表达，在这种情况下，用户不会也不能产生搜索行为，这时 AISAS 模型是无效的。其次，在产品适用性和场景适用性方面，AISAS 模型中各指标重要度并不是一成不变的。相比较而言，快消品/低卷入商品用户可能更侧重于“注意”“兴趣”“行动”阶段；耐用品/高卷入商品用户一般重视“搜索”和“分享”阶段。在某些消费场景下，AISAS 模型未必完全反映了实际的消费者行为过程。

AISCEAS 模型是望野和美于 2005 年最先提出的。和 AISAS 模型相类似的是，AISCEAS 模型包含了 AISAS 模型的所有要素，但增加了比较（Comparison）和考察（Examination）环节（图 1-11）。它揭示了这样一类消费场景：消费者“注意”到广告（内容），对广告内容产生“兴趣”，上网“搜索”商品信息，和同类其他商品进行“比较”，经过深入“考察”后，决定“购买行动”，并“分享”对商品的评价。这一模型更适用于房产、汽车、电脑、手机等需要用户进行谨慎比较，并做理性判断的高价商品。

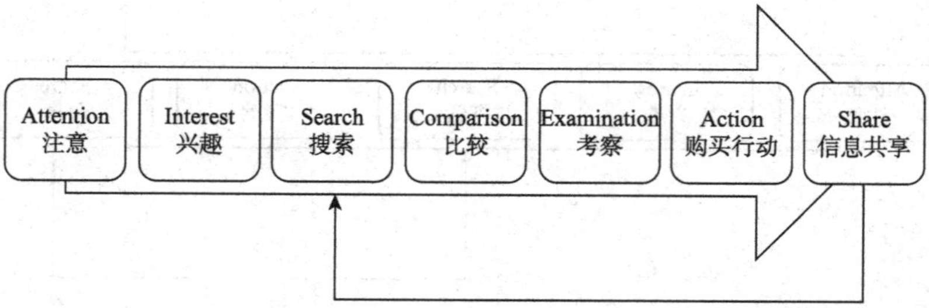

图 1-11 AISCEAS 模型（2005 年）

在新的营销环境下，特别是在网络购物环境下，原有的 AIDMA 和 AISAS 等传统的消费者行为模型已经不能反映用户的消费行为路径。在这样的背景下，2011 年，阿里巴巴提出了针对网络购物消费行为的 G-Aliba 模型①。

G-Aliba 模型，以“逛”为关键节点，将消费者行为分解为五个节点，分别取名为看（Attention，注意）、挑（Like，喜欢）、查（Investigate，调查）、买（Buying，购买）和享（Amplify，扩展），英文单词首字母分别对应 ALIBA，与阿里巴巴企业名称暗合（图 1-12）。将 G-Aliba 模型分解来看，它实际仍然继承了 AISAS 模型的精髓。但 G-Aliba 模型以网状结构形式呈现出任意一个节点到另一节点的特点，还原出实际电商消费中用户碎片化的跨屏、跨场景行为，解决传统模型仅仅反映单一消费行为链路的缺陷，更加真实地反映了网络购物用户的实际消费行为链路。G-Aliba 还展示了各阶段关键指标：看（Attention）包括千人成本、每点击成本、跳出率、点击率等基本电商指标；挑（Like）包括浏览时间、浏览页面、页面停留时长、品牌检索等浏览和检索行为指标；查（Investigate）包含了查看、收藏、比较/离开、内容关联、回溯等指标；买（Buying）则有购买数量、购买频次、重复购买等消费行为指标；享（Amplify）包含评论、分享等指标。从指标的涵盖范围可以看出，G-Aliba 是一个实操性较强的模型。

① 崔安琪. 我国程序化购买广告平台研究. 广告大观（理论版），2016，(3)：34-44. 参见：数据观中国大数据产业观察. 阿里巴巴 G-Aliba 消费者行为模型，全息大数据营销研究探索. http://www.cbdio.com/html/2014-12/08/content_1991940.htm，2018-03-10.

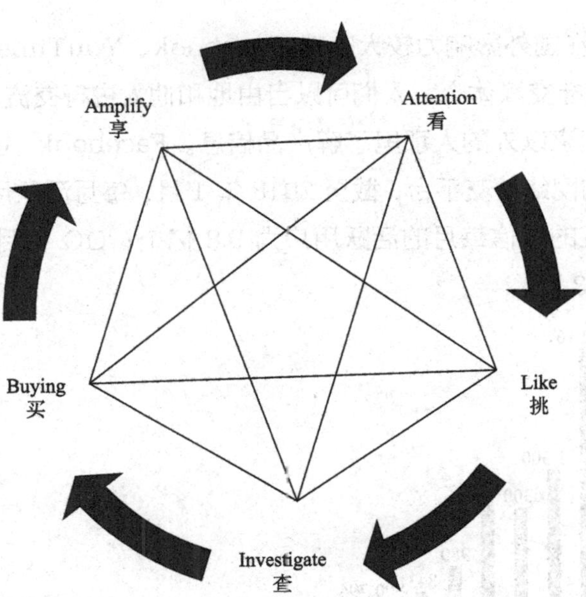

图 1-12　G-Aliba 模型（2011 年）

表 1-3 为网页搜索型消费者行为模型比较，从中可以看出，网页搜索型消费者行为模型的共同特点是，相比传统消费者行为模型增加了搜索和分享过程，既涵盖了传统广告消费行为，也涵盖了用户的网络媒体接触行为。

表 1-3　网页搜索型消费者行为模型比较

模型名称	认知情动阶段	搜索比较阶段	购买分享阶段
AISAS	Attention（注意） Interest（兴趣）	Search（搜索）	Action（行动） Share（分享）
AISCEAS	Attention（注意） Interest（兴趣）	Search（搜索） Comparison（比较） Examination（考察）	Action（购买行动） Share（信息共享）
G-Aliba	Attention（看） Like（挑）	Investigate（查）	Buying（买） Amplify（享）

三、社交共享型消费者行为模型

社交媒体（social media）是指用户可以进行互动的互联网媒体。social media 一词大约从 2006 年开始被人们使用，我们经常接触的社交媒体有微信、

QQ、微博等，在国外影响力较大的有 Facebook、YouTube、Instagram、Twitter 等。在社交媒体上，人们可以自由地和他人进行交流，分享意见和经验，还可以从卖家以外的人那里了解产品信息。Facebook 是第一个超过 10 亿个注册用户的网络社交平台，截至 2018 年 1 月，每月活跃用户数量约为 22 亿个；排名第五的微信每月的活跃用户为 9.8 亿个；QQ 每月有 8.43 亿个活跃用户（图 1-13）。

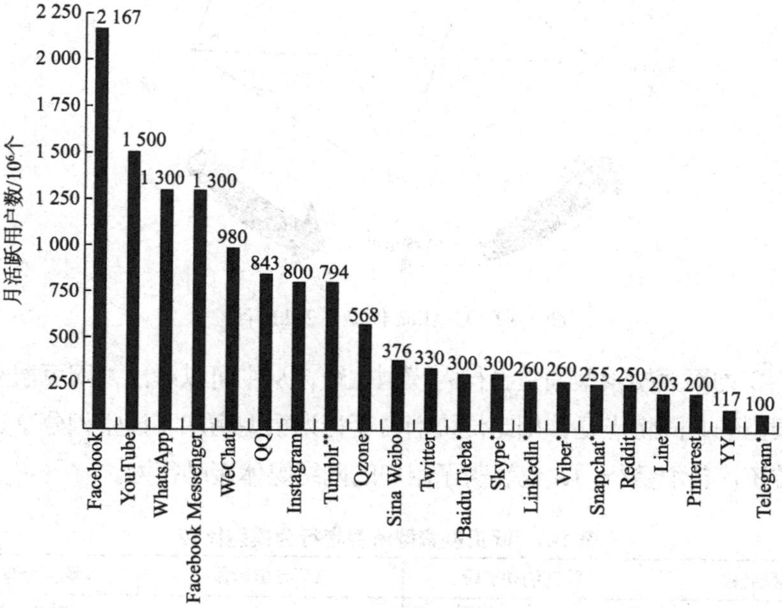

图 1-13　全球最受欢迎的社交网站排名（按月活跃用户数排名）

图中仅列出月活跃用户数达 1 亿以上的社交网站。*表示该平台在过去 1 年中没有发布最新的用户数据；**表示该平台用户数据来自第三方报告

资料来源：Most famous social network sites worldwide as of July 2018，ranked by number of active users（in millions）. https://www.statista.com/statistics/272014/global-social-networks-ranked-by-number-of-users/，2018-09-01

2010 年，社交媒体 Facebook 超过搜索引擎 Google，成为美国访问量最大的网站，这也标志着社交媒体地位从此超过了传统搜索网站。基于社交媒体平台的消费者行为模型也由此应运而生，代表性模型有 VISAS 模型、SICAS 模型和 SIPS 模型。

图 1-14 所示的 VISAS 模型是大元隆志提出的消费者行为模型[①]。大元隆志认为，在口碑传播（Viral）的作用下，人们会受到他人的影响（Influence），产生共鸣（Sympathy），进而决定购买（Action），并分享（Share）信息给他人。高木浩一认为，该模型能够在消费者不知道自己想要什么的情况下，为营销者提供一种挖掘消费者潜在需求的路径[①]。

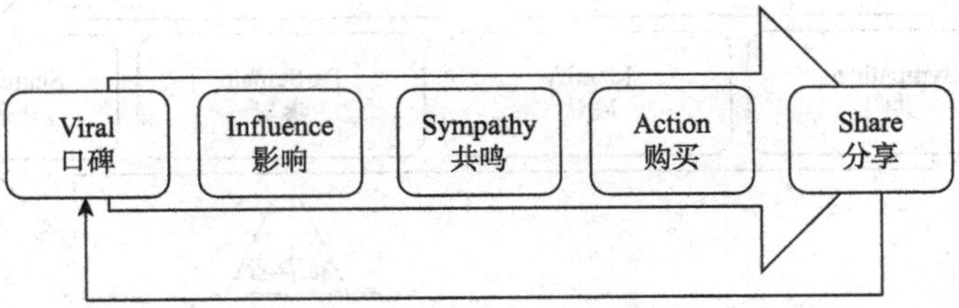

图 1-14　VISAS 模型（2010 年）

SICAS 模型是 2011 年 DCCI 互联网数据中心提出的[②]（图 1-15）。该模型认为全数字时代下用户的接触行为和消费轨迹应包括五个过程：品牌与用户相互感知（Sense）—产生兴趣并形成互动（Interest & Interactive）—建立联系并交互沟通（Connect & Communicate）—购买（Action）—体验与分享（Share）。这五个过程的顺序并非一成不变，而是相互关联，相互影响。

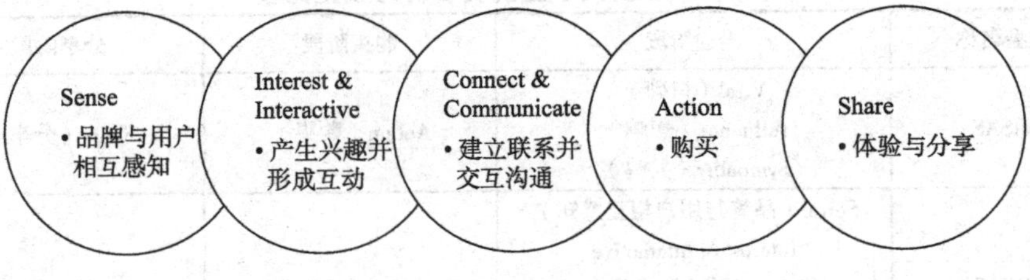

图 1-15　SICAS 模型（2011 年）

2011 年，电通推出的 SIPS 模型着眼于社交与共享，它将消费者行为分解为

---

① 高木浩一. VISAS・SIPS の法則【ソーシャルメディア共有型の消費者行動モデル】. https://swingroot.com/visas-sips，2018-03-10. 参见：大元隆志. 2011. ソーシャルメディア実践の書 —facebook・Twitter によるパーソナルブランディング. とうまようリックテレコム出版.

② SICAS 模型. http://www.dcci.com.cn/report/view/cid/2/id/425.html，2011-08-29.

四个阶段[①]：Sympathize（共鸣）→Identify（确认）→Participate（参与）→Share & Spread（分享与扩散）。如图 1-16 所示，其中，共鸣阶段又细分为品牌信息共鸣和生活者信息共鸣；参与阶段将参与者按重要度细分为推荐者、拥护者、积极参与者和参与者四类。

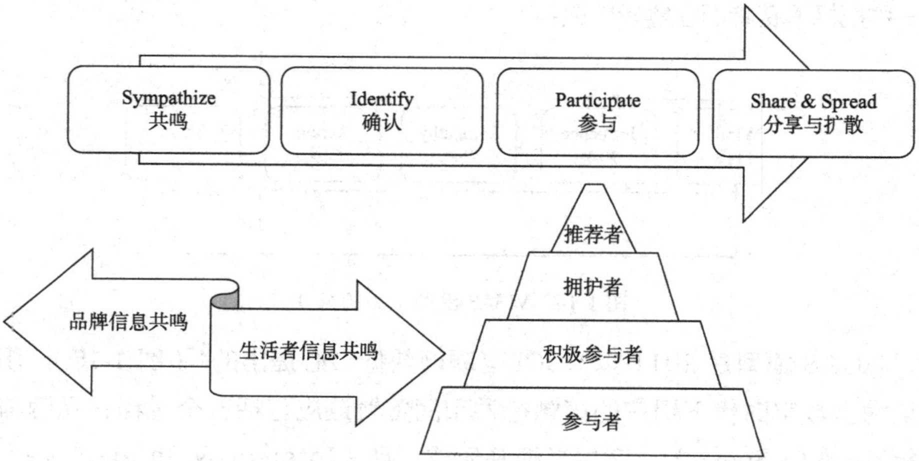

图 1-16　SIPS 模型（2011 年）

表 1-4 为社交共享型消费者行为模型比较。

表 1-4　社交共享型消费者行为模型比较

模型名称	沟通阶段	购买阶段	分享阶段
VISAS	Viral（口碑） Influence（影响） Sympathy（共鸣）	Action（购买）	Share（分享）
SICAS	Sense（品牌与用户相互感知） Interest & Interactive （产生兴趣并形成互动） Connect & Communicate （建立联系并交互沟通）	Action（购买）	Share（体验与分享）
SIPS	Sympathize（共鸣） Identify（确认）	Participate（参与）	Share & Spread （分享与扩散）

① 高木浩一. VISAS・SIPS の法則【ソーシャルメディア共有型の消費者行動モデル】. https://swingroot.com/visas-sips，2018-03-10.

四、内容发现型消费者行为模型

DECAX 模型是基于内容营销的消费者行为模型，是电通数码控股的内藤敦之在 2015 年提出的概念（图 1-17）。在内容营销视域下，广告（内容）就是消费者正在寻找的有价值的信息，或是能够打动消费者，让消费者深感共鸣的内容。在这一思想指导下，围绕内容营销，DECAX 模型将消费者行为分为五个阶段：发现有价值的内容（Discovery，发现）—和内容的发布主体（企业）发生联系（Engage，关联）—消费者确认企业的商品（Check，确认）—消费者购买企业的商品（Action，购买）—消费体验和共享商品（Experience，体验和共享）。

图 1-17 DECAX 模型（2015 年）

资料来源：DECAX・Dual AISAS の法則【コンテンツ発見型の消費者行動モデル】. https://swingroot.com/decax-dualaisas，2018-03-10

双 AISAS 模型是 2015 年由电通推广设计局的矢岛贵直和数字营销企业 ATARA 的有园雄一经过多次讨论，对 AISAS 模型进行改良后提出的模型[①]。这一模型的特色是将 AISAS 模型中的第一阶段“Attention”（注意）替换为“Activate”（激活），并将 Activate 分解为 I、S、A、S 四个部分：Interest（兴趣）→Share（共享）→Accept（接受与共鸣）→Spread（扩散），形成二重构造的双 AISAS 模型（图 1-18）。这一模型将单纯的信息扩散行为与伴随消费的信息扩散行为进行了区隔，意在强调信息扩散的重要性，对当下日益普遍的内容推广型数字营销活动有较强的实践指导意义。

① “Dual AISAS” で考える、もっと売るための戦略. https://swingroot.com/decax-dualaisas/#st-toc-h-3，2018-08-20.

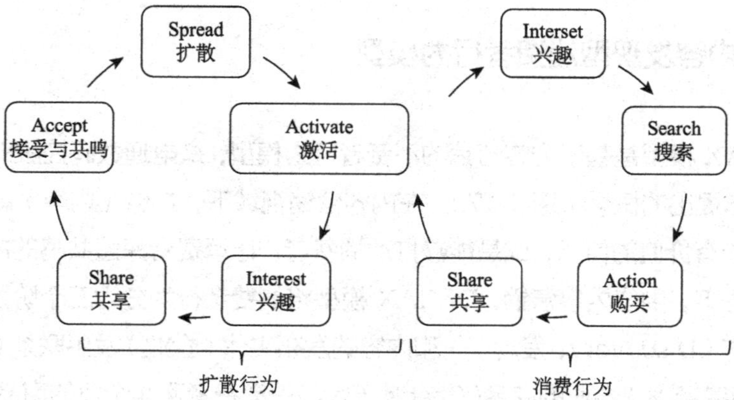

图 1-18　双 AISAS 模型

笔者根据矢岛贵直的研究成果重新制图

表 1-5 为两种内容发现型消费者行为模型比较。

表 1-5　内容发现型消费者行为模型比较

模型名称	探索阶段	连接阶段	购买阶段	分享阶段
DECAX	Discovery（发现）	Engage（关联） Check（确认）	Action（购买）	Experience （体验和共享）
双 AISAS	Activate（激活）	Interest（兴趣） Search（搜索） Accept（接受与共鸣）	Action（购买）	Share（共享） Spread（扩散）

延展阅读

胡晓云. 2007. 品牌传播效果评估指标. 北京：中国传媒大学出版社.

仁科贞文，田中洋，丸冈吉人. 2010. 广告心理. 北京：外语教学与研究出版社.

所罗门 M，卢泰宏，杨晓燕. 2014. 消费者行为学. 10 版. 杨晓燕，郝佳，胡晓红，等译. 北京：中国人民大学出版社.

王秀丽，赵雯雯，袁天添. 2017. 社会化媒体效果测量与评估指标研究综述. 国际新闻界，（4）：6-24.

第二章　数字营销效果测评的场景要素[①]

场景，是移动互联网时代下数字营销的新概念和新形式。在移动互联网时代，信息的传播模式是线下和线上、现实与虚拟世界随时随地的连接，数字营销传播的空间是三维化消费体验空间。在场景视角下，数字营销在这种即时的立体空间中通过各种链接渠道实现信息与用户的沟通互动。近几年来，业界与学界对“场景”一词的探讨与实践乐此不疲，然而，无论是学术的理论研究还是业界的营销实践，都存在各说各话、角度不一等问题，究其原因，主要是各领域对场景及场景营销最核心、最基本的要素、特点缺乏严谨的界定和梳理。本章对场景的概念以及场景营销的发展进行简单的回顾与总结，并在此基础上，提出数字营销效果测评的场景要素。

① 本章根据朱磊和苏婷婷的《“场景”概念的建构与重构：从地理中心到关系中心》（会议论文）和《从语境理论视角看场景及场景营销的要素及特点》（会议论文）改写而成。

第一节 “场景”与场景营销发展综述

一、“场景”概念及其要素

汉语文本中的“场景”，顾名思义，即“场”与“景”的融合。其中，“场”属于地理空间范畴，有“场地”“场所”等含义，而“景”则更多偏向情景、感情、行为等方面，有“场合”“情境”的语义。在英文文本中，“场景”传统的对应单词为“scene”。“scene”最初源自拉丁语“scaena、scena”，更早则可能是从希腊语“skene”衍生出来的，具有 tent（帐篷）、booth（展位）、skene（短剑）、stage（舞台）等意思[①]，由此也可将其理解成“木制的舞台”。该词在早期专指戏剧表演的场所、舞台，随后概念逐渐扩展，延伸至文学作品、生活中故事发生的场所、背景等。如今，“scene”一词有多重语义，包括真实生活、戏剧或故事中的发生地点，真实生活、故事等中的事件，戏剧中的场景等[②]，这也是“场景”概念最常见的、传统的意义阐释。

早期的“场景”概念一直被应用于戏剧、文学、影视等艺术领域。民国时期该词已经见诸报端，如 1926 年《申报》所见“明星公司摄制纽约跳舞场景”[③]，“剧之内容第一幕场景……第二幕场景”[④]等。

20 世纪 90 年代，“场景”在营销学领域成为热词。由于空间定位技术的革命性崛起及移动终端（手机、平板等）的广泛应用，国内外学者在探讨定位技术与手机移动 APP 时开始对用户所处地理位置、周围物理环境等场景要素予以重视。Schilit 和 Theimer（1994）在研究移动地图服务时将用户所处的场景作为定位的主要对象，认为其是周围的人与物、物体变化、地理位置等任何物理位置中的

① Merriam-Webster. Webster's 3rd New International Dictionary. Springfield：G.&C. Merriam Company，1976.

② 汤普森. 牛津现代英汉双解词典（增补版）. 北京：外语教学与研究出版社，2004：1831.

③ 明星公司摄制纽约跳舞场景. 申报，1926-08-16（20）.

④ 大中国新片逃婚之一幕. 申报，1926-10-12（18）.

事物组合。两位学者将手机 APP 作为移动地图的基础，提出手机 APP 的“场景感知”（context-awareness）能力，即能对用户即时所处的场景做出判断并及时调节自身以适应相应场景，“场景感知”的概念是对场景营销技术层面较早的探索。

随后，Schilit 和 Theimer（1994）在研究手机的“场景感知”应用时，将手机能够感知的场景分为用户地理位置、与谁在一起、时间、季节、温度等要素。这种定义仍只是局限在客观存在的物理概念层面。

Pascoe（1998）认为场景是一个主观概念，是由能够感知它的实体定义的，一个实体可分别用位置、时间甚至人物情绪这种虚拟的因素来分辨不同场景，因此场景被描述为一个特定实体的物理和概念状态的集合。在此基础上，Pascoe 将“场景感知”能力分为感知场景能力、适应场景能力、发现场景资源能力和增强场景能力，这对目前的场景营销具有理念上的指导意义。

Dey（2001）在总结以上研究的基础上，认为场景是所有与用户及其设备相关的情境合集，定义场景为“能够描述实体所处情境位置的任何信息的合集”，这里的实体可以是用户与设备之间互动相关的任何人、地点或对象，同时包括用户和设备本身。Dey 的理解肯定了信息在场景中的基础地位。

斯考伯和伊斯雷尔（2014）在合著的《即将到来的场景时代》一书中提出场景的五大原力：移动设备、社交媒体、大数据、传感器和定位系统，认为这是改变未来用户场景体验的终极驱动力，从技术方面解释场景并预测了五大原力对未来人们生活场景的重大影响。

国内学者多以斯考伯和伊斯雷尔提出的五大原力作为研究场景及其要素的理论基础。其中，彭兰（2015）将空间与环境、实时状态、生活惯性、社交氛围作为场景构建的四个基本要素，这成为国内学者普遍认同的一种要素分类标准。陈禹安（2016）认为场景是时、空、人、物这四种资源要素与互联网应用的程式化组合。吴声（2015）则将场景构成要素比作新闻五要素，即时间、地点、人物、事件、连接方式，认为场景是最真实的以人为中心的体验细节，同时也是一种连接方式和人类新生活方式的表现形态。

二、场景营销及其构成要素

定位技术、媒介技术、移动设备等信息传播技术的发展与进步在很大程度上颠覆了传统企业的营销环境，在此基础上，Rayport 和 Sviokla（1994）在其商业营销空间理论中正式提出场景营销（contextual marketing）这一概念，认为内容、场景和基础设施可在营销领域为用户场景创造价值。国内学者在此方面的探讨虽多但杂。李智（2014）认为场景营销指根据消费者所处的不同地点、环境、时间和情景，进行营销信息的推送。苏落（2015）对场景营销的定义与前者相似，即在一系列时间、空间技术的催化下于合适的时间、地点、场合中将“广告”推送给合适的消费者，找到或自主创造合适的场景。以上对场景营销的理解还只是停留在将场景视为寻找并覆盖用户的渠道或入口上。

吴声（2015）注重用户体验，将人作为场景营销的核心，强调塑造场景化必须具备体验、链接、社群、数据四个核心要素。Experian 在 2015 年出版的《营销服务白皮书》中将场景营销分为语言、天气、渠道、地理位置、用户、购买历史、过去行为、时间等多个构成要素，与吴声类似，其认为用户是场景营销的核心要素。徐艳琴（2016）认为场景营销的本质是以满足消费者需求为核心，以移动终端为载体，以定位技术为支点，通过洞察特定场景中的消费者需求，提供与其需求相适配的内容、服务和形式，达到营销信息的精准快速推送和最终交易的闭环，从而建立品牌与消费者生活的连接。这种理解则将场景营销提升了一个高度，注重场景中的用户及其需求，而不只是单纯通过场景进行流量覆盖。

2016 年 10 月 12 日，网易有道发布的《2016 情景营销白皮书》中提出了“情景营销”的新概念，认为移动互联网营销时代由以产品为导向的 1.0 时代到以消费者为导向的 2.0 时代，再发展至以场景为导向的 3.0 时代，如今已进入以情景为导向的 4.0 时代。其中，丁俊杰在《2016 情景营销白皮书》中提出场景营销只是设定了时间、地点、环境条件的营销，而情景营销则需要关注人的情绪、情感以及在场景下的接收信息的状态。事实上，场景既包括静态的物理空间，也包括所处其中的人的动态感知状态（将在本章第二节详述），因此，《2016 情景营销白皮书》提出的“情景营销”也只是强化了场景中用户的即时情感体验方面。《2016 情景营销白皮书》提出了情景营销的四大关键点，即原生内容、场景触发、动态适配、情感共鸣，丰富和提升了场景营销的内涵和应用价值。

对场景营销概念的阐释，艾瑞咨询在《2016 年中国场景营销市场研究报告》中认为，场景营销是指基于对用户数据的挖掘、追踪和分析，在由时间、地点、用户和关系构成的特定场景下，连接用户线上和线下行为，理解并判断用户情感、态度和需求，为用户提供实时、定向、创意的信息和内容服务，通过与用户的互动沟通，树立品牌形象或提升转化率，实现精准营销的营销行为。这是目前国内对场景营销较新和较全面的概念定义。

然而，对于场景和场景营销的概念及其主要构成要素，国内外并未达成一个统一的认识，各有角度，各说各话，难以从中找到一个合适的理论来支撑研究。究竟该从哪个角度对场景及场景营销做系统理论的分类和探讨是业界与学界的普遍疑虑。

三、“场景”与“语境”

不同于传统的“场景”指称“scene”，国内外营销学领域在探讨“场景”时，更多将英文单词“context”作为该概念的对应词，如斯考伯和伊斯雷尔合著的 *Age of Context* 一书译为《即将到来的场景时代》，吴声的《场景革命》英译为 *Contextual Revolution*。“context”为中古英语，最早源于 15 世纪时期的拉丁语“contextus”，具有“连接、相关性”的意思，与“joining together”（聚集在一起）类似。在语言学领域，“context”一词早期表示“将几个单词编织在一起形成语言”[①]的意思，后来用来指代语言学领域中的一个核心概念——“语境”。语境是语言环境或言语环境的简称，是影响和制约语言产生、运用、发展

① Merriam-Webster. Webster's 3rd New International Dictionary. Springfield：G.&C. Merriam Company，1976.

的各项要素的环境总和，也是语用学、语义学、社会语言学等学科中的一个核心基本概念。从各学者对场景（特别是营销学中的场景）概念的研究可知，场景作为“所有情境要素的总和”，其概念和内涵与语境极为匹配，两者的继承和关联值得深入研究。

人的实践或营销活动总离不开特定的场景，正如语言交际活动总离不开特定的语境，“场景”与“语境”既共用一个单词符号，又在概念、要素构成等方面有异曲同工之妙。因此，本章拟从发展较系统全面的语境理论视角出发，探寻场景和场景营销的构成要素及其相关特点。

第二节 语境理论及其构成要素

英国社会人类学家马林诺夫斯基是公认的语境理论最早的开拓者和奠基人。他于1923年和1935年分别提出了“情景语境”（context of situation）和“文化语境”（context of culture）的概念。其中，“情景语境”即语言发生时的影响环境，如同马林诺夫斯基（2013）所讲的“一个句子的意义只有置于整段话语的语境之中才能得以确定，而整段话语只有置于其‘情景语境’之中才变得容易理解”。“文化语境”所指代的范围更加广泛，涉及语言产生时所处的民族、国家、地域等层面的历史、习性等文化背景。马林诺夫斯基提出了语境这一概念，将人们对语言的研究扩展至语境这一层面，但并未对语境的具体构成要素进行细致分析。

马林诺夫斯基的学生弗斯继承和发展了其有关语境的观点，并将语境划分为“语言语境”（co-text）和“情景语境”（context of situation），前者来自语言内部，意指言语上下文的环境因素；后者来自语言外部，在继承马林诺夫斯基“情景语境”概念的基础上，划分出参与者有关特征（语言行为和非语言行为）、有关事物、言语行为的效果三个要素（Firth，1950）。

弗斯的学生Halliday（2001）又在弗斯的语境理论基础上提出了著名的语域理论（register theory）。Halliday将语域划分为三个要素：话语的情境（field），包括政治、科技、生活等领域；话语的方式（mode），包括口头语和书面语等交际渠道；话语的交际者（tenor），包括交际者的地位、身份、相互之间的关系。三者皆为语域构成的基本要素，任何其中的改变都将导致旧语域的变化和新语域的产生。

语境理论的另一个转折性发展与提升源于动态认知语境观的产生。以上对语境理论的研究都可归为传统的语境观，即将语境的产生置于一个预先存在的框架环境内，强调语境先于交际过程而产生。动态认知语境观则认为语境实际产生于人们的交际过程中，非预先给定。该观点认为当听话者接收到新信息时，他会在这个认知环境中搜寻并调用和新信息相关联的概念与新信息相互作用，进而推导出说话者的交际意图（Sperber and Wilson，2001）。

动态认知语境观对语境要素的分类可参考 Verschueren 的理论研究，他在《语用学新解》中将语境分为交际语境和语言语境（Verschueren，1998）。其中，交际语境包括以下几种：①语言使用者，即发话人和释话人。②心理世界，即认知成分和情感成分。情感成分又涉及性格、情感、信念系统、欲望、动机与意图等心理因素。③社交世界，包括社会场景与公共制度、文化。特定的场景、公共制度或交际规范对语境具有至关重要的影响，而文化包括社交类型、种族、宗教、年龄等。④物理世界，包括时间指称和空间指称。动态认知语境观特别强调语言使用者的主观能动性，认为其是推动语境即时产生和发展的最主要因素。

除以上几位之外，众多国内外学者都对语境的构成要素有着自己的见解和划分。例如，美国社会学家 Fishman（1972）在研究语域时，认为其是受共同语言规则制约的社会情境，包括时间、地点、身份和主题四大要素，通俗地讲，也就是“谁何时何地对谁说什么”，这与吴声将场景等同于新闻五要素有异曲同工之妙。Hymes（1967）在其《语言与社会情景相互作用的模型》一文中，提出 SPEAKING 模型。

通过对国内外有关语境理论要素分类的研究，笔者总结了几个重要且具有代表性的划分标准，如表 2-1 所示。

表 2-1　国内外对语境要素分类的相关研究

序号	研究者	来源	一级分类	二级分类
1	马林诺夫斯基（2013）	《原始语言中的意义问题》	情景语境 文化语境	
2	Firth（1950）	*Personality and language in society*	情景语境	参与者有关特征（语言行为和非语言行为）、有关事物、言语行为的效果
			语言语境	
3	Halliday（2001）	《作为社会符号的语言：从社会角度诠释语言与意义》	话语的情境（field）	情境：政治、科技、生活等（言语发生时的社会活动情景，不仅包括主体事件，也包括该背景下的参与者）
			话语的方式（mode）	方式：口头语和书面语等交际渠道
			话语的交际者（tenor）	交际者：地位、身份、相互之间的关系
4	Fishman（1972）	*The Sociology of Language: An Interdisciplinary Social Science Approach to Language in Society*	"谁何时何地对谁说什么"	时间、地点、身份、主题
5	Hymes（1967）	*Models of the interaction of language and social setting*	SPEAKING 模型	Setting/Scene（背景，语言行为发生的时间和地点、物理自然环境；场景则包括心理和文化层面上的背景）； Participants/Personnel（分为说者和听者/传者和受者，参与者所扮演的角色、关系、地位、资源等）； Ends(purposes, goals, and outcomes，包括目的和意图）； Art characteristics（艺术特色，语言形式，风格体裁）； Key（基调，区分语言行为中体现出来的语气、方式和精神）； Instrumentalities（媒介或渠道） Norms of interaction and of Interpretation（交际时的规则）； Genres（语言和语言行为的类型：对话、诅咒、祝福、祈祷、演讲、祈求、推销等）

续表

序号	研究者	来源	一级分类	二级分类
6	Verschueren（1998）	*Understanding Pragmatics*	交际语境	语言使用者（发话人和释话人）； 心理世界（认知成分和情感成分：性格、情感、信念系统、欲望、动机与意图等心理因素）； 社交世界（社会场景与公共制度，最重要的是特定场景、特定公共制度或特定社区特有的交际规范；文化，包括社交类型、种族、宗教、年龄等）； 物理世界（时间指称和空间指称）
			语言语境	
7	陈望道（1976）	《修辞学发凡》	情境	何故、何事、何人、何地、何时、何如
8	张弓（1963）	《现代汉语修辞学》	社会情境	联系说话时的情境； 适应听众读者的情况； 适合说话人与听众读者的关系
			自然环境	利用时间地点等条件； 利用自然景物特点
			上下文	照顾上下文的关系等项
9	王德春和陈晨（2001）	《现代修辞学》	客观因素	时间、地点、场合、对象
			主观因素	使用语言的人、身份、思想、性格、职业、修养、处境、心情
10	姚殿芳和潘兆明（1984）	《修辞与语言环境》	语言的社会环境	时代、民族、地区、社会的特点，说话时的具体情景，对话双方的情况（身份、职业、文化程度、社会经历）和关系（是家人还是客人）等
			语言本身的环境	如句子中词语之间的关系，句与句之间的关系以及段落、篇章内部的种种关系等

由表 2-1 可知，研究者对语境要素的划分主要集中在以下几方面：

（1）语言本身上下文环境。

（2）交际者及其实践活动：交际者（说话人和听话人）语言交际过程中即时的角色、身份、情感、关系等；参与者社会化过程中原有的知识、价值观等认知、行为体系；参与者语言交际本身实践活动。

（3）物理环境：特定的时间和地点。

（4）渠道：交际的渠道或方式。

（5）文化规则：包括语言交际过程中即时环境的规则；政治、经济等特定国家或民族的文化环境。

第三节　场景的构成要素

在总结语境要素理论的基础上，笔者结合场景的特点，得出场景的五大构成要素（图 2-1）。语境理论中的交际者即场景中的主要参与者——人（people）；语境理论中的物理环境即场景中的时空要素（time & space）；语境理论中的语言交际渠道即场景中用户接触媒介、渠道和文本——物（things）；语境理论中的文化规则对应场景中的价值观（values）。场景就是人、物、时、空、价值观及其关系的总和。

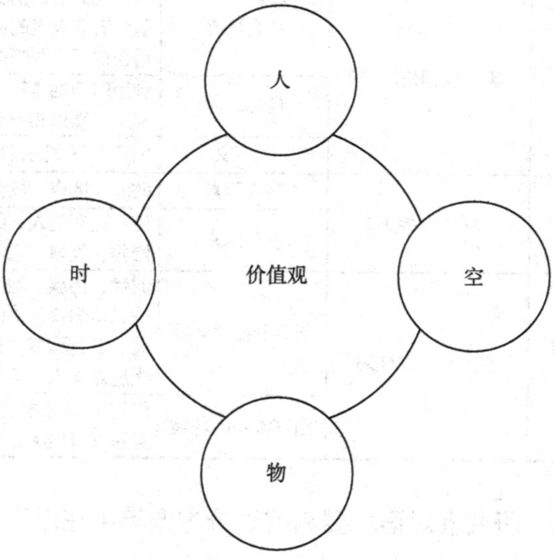

图 2-1　场景的五大构成要素
资料来源：朱磊和苏婷婷（2016）

一、人：实践与习性

语境中的参与者是语言使用人，包括发话人和释话人[①]。语境理论强调参与者

① 维索尔伦 J. 语用学诠释. 钱冠连，霍永寿译. 北京：清华大学出版社，2003：89-118.

在语言交际中所处地位、角色、关系、素养、价值观等认知结构以及交际过程中的情感、欲望、目的等心理要素对语境构成的影响。因此，场景中人的要素可细分为两类：即时影响因素与既定影响因素。

场景，首先明确体现了人的情感、欲望和情绪，这是即时产生的影响因素。这种即时的场景因素对用户接受产品或信息具有直接的影响。例如，海底捞的服务营销，通过在用户就餐中提供无微不至的服务，包括甩面、变脸等现场表演，营造热闹温馨的就餐场景，从而使用户就餐时的即时情绪、心情以及与陪同者的关系等得以改善，最后对海底捞增加强烈的品牌好感度与认知度。正如吴声所说，很多时候，人们喜欢的不是产品本身，而是产品所处的场景，以及场景中自己浸润的情感[①]。用户对营销传播的信息认知在很大程度上受其所处营销场景的氛围以及自己在该场景中情感、情绪等的影响。

人作为个体在教育、实践活动等社会化过程中建构的习性结构则是既定的影响因素。正如布迪厄所言，习性是持久、可变换的一些性情系统[②]。个体在社会化过程中，有意无意将社会外在规则结构内化进自身性情习惯中，形成调节个体及其生存其中的场域之间关系的习性。习性结构包括个体的禀性系统、思维方式、认知结构及行为模式，是“被建构的结构”，对个体的实践活动具有引导作用。作为相对固定持久的潜在指导框架，特定场景中用户的任何心理、行为都或多或少地受自身习性结构的影响。因此，在场景营销中，对用户不同的习性做系统研究分析，可在一定程度上预知用户在不同场景中的不同心理与行为。

只要有人的存在，就会有实践活动的产生。实践活动不能独立存在，只有受生活环境的制约并反过来对生活环境构成影响，实践才得以形成。实践活动是场景产生、发展与转变的主要推手，没有人类实践活动的场景是无意义的场景，实践赋予场景本身目的与意义。因此，实践活动存在于有意义的生活场景之中，特定场景离不开参与者的实践活动。

---

① 吴声. 场景革命：重构人与商业的连接. 北京：机械工业出版社，2015：12.

② 布迪厄 P. 实践感. 蒋梓骅译. 南京：译林出版社，2003：80-81.

二、时间和空间：现实、虚拟和混合

在语境理论中，特定的时间和空间是语境产生的基础物质条件。任何事物都离不开时空要素，场景亦如此。场景本身也是一个时空，无论是时间的流逝还是场地的变迁，都会造成时空框架的改变，形成不同的场景。

时间，即场景发生的时间，包括现实时间和虚拟时间。空间，包括现实空间、虚拟空间和混合现实空间，用户所处的场景也分为现实场景、虚拟场景和混合场景。现实场景指发生在物理空间之内的各要素相互关系的一个情境，其空间的划分受某种实体障碍和物理距离的限制。例如，客厅和卧室是两个不同的场景，其空间划分受房间中墙的限制。但实际上，区分场景空间的不是物质场地本身，而是梅罗维茨所说的“信息流动的模式”。随着媒介技术的提高和互联网在生活中的运用，“信息的流动模式”打破了传统由物理实体和距离所设置的障碍，坐在客厅里的人和躺在卧室内的人通过微信彼此聊天的时候，即构建了一个虚拟和现实混合的信息空间，客厅和卧室此时合并为一个聊天场景。另外，虚拟场景远比现实场景转换得更轻易和快速。人们只要躺在沙发上，同一个地点即可通过手机在“逛街”场景、聊天场景、支付场景等虚拟场景中任意切换，而其所需的动作只不过是点击手机内的淘宝、微信、支付宝等客户端。因此，营销得以通过虚拟场景“侵入”人们的传统隐私空间或时间，如卧室或厕所、凌晨或深夜等，从而扩大营销空间、延长营销时间。

受社会环境的影响，人们的生活时间和所处空间逐渐碎片化，促使其生活场景逐渐细分化。例如，人们传统的生活可大致分为家庭场景、工作场景、休闲场景，而如今一个白领人士，其一天的生活就可能细分为清晨一个小时的跑步场景、上班乘地铁场景、工作场景或者喝下午茶场景。同时传统的专心学习的场景，现在也可能因为手机而变成玩游戏、看电影、聊天等虚拟场景共存的情境。这些细碎而非次要的场景在营销中是正被开发的蓝海，是潜藏巨大能量的长尾。场景营销可在细分场景的基础上激发用户不同需求以提供不同服务。例如，在线度假旅游，通过分析用户的旅游时间，可将其旅游场景细分为周末游、五一假期游、寒暑假游、淡季游、蜜月游、年假游等，在此基础上制定相应的旅游服务。同理，可分别根据用户的旅游地点、旅游目的、旅游同伴、旅游方式等标准细分出不同旅游场景，针对性地提供旅游服务或组织市场营销活动。如何满足消费者碎片化的场景需求，不断激发碎片化的场景价值，为消费者提供碎片化的场景体验，是场景视角下数字营销效果提升的关键。

除时空要素的碎片化特点外，场景视角下的数字营销还应注重时空要素的即时性，将特定的时间和特定的空间组成适时的营销场景，从而传播目标信息。菲律宾的宿务航空在中国香港大街上的晴雨广告一直被场景研究者们所津津乐道，该广告用防水喷漆绘制在柏油马路边，天晴的时候隐形，在雨天便会显示出“来菲律宾跟阳光玩游戏”的广告语，并同时附有二维码，这便巧妙地利用防水漆构建了一个适时的场景，让广告信息在消费者最需要的时候现出原形，大大增加了该信息的关注度和话题性。

三、物：渠道、介质和文本

渠道，在语境理论中为话语交际时利用或接触过的媒介。在场景中，渠道是一切连接场景各要素的介质，包括用户在体验活动中所接触到的外部实体物质，如各类媒体、产品实物、广告文本、品牌符号等。

二维码是场景碎片化、媒体移动化背景下数字营销活动中最具代表性的渠道之一。二维码可出现在各种实体场景中，经移动终端将用户导入各种虚拟场景，用户通过扫描二维码进入官方微信公众号、营销活动页面、产品信息获取页面、支付首页等，二维码几乎可实现网络社区中的“无缝连接”。韩国 Home Plus Subway Virtual Store 是一个设置在地铁站内的商场，它既是广告，也是数字商城。墙壁上的灯箱广告里展示着商品信息，用户在经过过道的时候，可浏览商品图像等信息，有购买意愿的还可以直接拿起手机扫描二维码进入购买页面购买。地铁过道中的商品信息将平时冷冰冰的地铁场景与购物场景相融合，通过二维码连接支付场景，从而激活用户实际购物体验，这是场景营销在渠道中应用的例子之一。

四、价值观

价值观就是人们对事物善恶、美丑等的看法。在营销活动中，它是影响用户选择消费方式、手段和目的的重要原因。价值观作为“个人或集体的特征”，它不仅包含了个人价值观，也包含了集体性文化规则。语境理论中的文化规则包括两个方面：一是语言交际过程中即时的环境规则，包括特定的公共制度或特定社区的交际规范等；二是国家或民族层面的社会道德、政治制度、文化标准、礼仪习俗等。场景中的规则也大致分为这两类：前者表示特定场景中的特有规范，如图书馆场景中的“禁止喧哗”、B站观看视频场景的“弹幕礼仪”；后者如佛教的“不杀生”、儒家“仁”的思想等广义上的文化规则。

每个场景都会相应体现出某种价值观，场景中的每个要素都会诠释着某种价值认知和价值判断。价值观是场景发生的原因和目的，预示着场景演化的趋势，它是场景的核心灵魂，显性或隐性地潜藏在场景的各个要素之中，可以是用户自身社会化过程中形成的个人价值观，也可以是国家文化或社群规则里透露出来的某种价值观，只有发掘出场景的核心价值观，营销才能以最佳的适配手段和内容深入场景，感动用户，实现营销目的。

如上所述，场景就是在特定的时空中，人、物、价值观等各个要素间互相关系的总和。数字营销效果测评，本质上就是通过对数字营销场景中的人、物、时、空、价值观等五要素及其相互关系的品质进行测量，来综合评价营销活动最终实现营销目标的程度。

第四节　数字营销效果测评的趋势

移动互联网时代的数字营销，从以产品为中心到以消费者为中心，再到内容为王，而如今，场景成为各大营销主竭尽全力争夺的黄金之地。如何深入消费者各大生活场景，将最原生的信息以最适配的方式融合进场景中，从而得到消费者青睐，是场景营销思考得最多的问题。本节在场景五大基本要素的基础上，提出数字营销效果测评的几个趋势。

一、场景定位效果

数字营销将营销战场从线下转移至线上之后，又开始重回消费者的生活场景，在移动互联网等技术和消费者衣食住行等生活场景相连接的基础上，打造线上线下融合场景，重新定义人与产品、人与信息的关系，为品牌和用户接触沟通创造了新的渠道和领域。因此，如何发掘并精准定位用户的生活场景是数字营销需强化探讨的关键。

定位系统、移动设备、社交媒体、大数据和传感器五大场景原力都属于场景营销中至关重要的场景定位技术。定位系统方面，GPS（global positioning system，全球定位系统）、Wi-Fi、iBeacon 等技术可对场景进行地理位置定向，通过用户移动设备中的 GPS 功能，或部署线下 Wi-Fi、iBeacon 设施，即可获取用户位置信息，提供相对应的营销服务。场景定位不限于定位场景的地理位置，手机、汽车、智能穿戴设备等移动设备不仅是用户地理位置信息的信号源，也是用户年龄、性别、职业等基础信息和消费行为、兴趣爱好等习性信息的数据提供者。此类大数据也可在社交媒体上通过用户社交行为进行进一步收集分析。

线下技术对场景的定位大致可精确到特定的时间和空间、用户基础信息以及相对明确的习性标签、用户实践活动、大环境下的文化规则等要素。而一个场景的基础要素不限于此，用户的情感、情绪等即时产生的因素以及一个场景中可能反映出的价值观或许是新一代数字营销的制胜关键。明确用户在不同场景中即时产生的情绪感受，提供以情动人、价值观匹配的内容信息，满足用户不同场景中情感和价值观共鸣方面的需求，将会是数字营销未来新的价值点。而对于如何定位一个场景中用户即时的、主观的情绪体验和不同场景反映出的价值观，还需依托未来传感器等技术以及社会学、心理学、医学等学科的全面发展。

二、场景匹配效果

用户在不同场景中受周围环境、关系变化等因素影响，产生的心理情绪与行为反应亦不同，品牌只有准确把握对用户动态性的人格感知，才能与用户在情感和价值观层面上进行沟通，建立更深的关系。随着大数据、传感器技术的迅猛发展，场景匹配相关技术也日臻成熟。在合法合规和用户许可的前提下，品牌主可以对用户进行实时心理画像分析、情绪追踪，并预测用户在不同场景下的情感需求，适时提供与用户需求相匹配的营销信息，以满足用户不同场景下的情感体验。《2016 年情景营销白皮书》表明，消费者在日常不同场景中的品牌个性维度得分略有不同①。例如，在“会议”场景中，消费者最看重的是“称职”的情感诉求，而在“户外活动”场景中，消费者普遍看重的是“强壮”的情感诉求。因此，品牌可在消费者工作之时，提供诸如“认真”“负责”等理念信息，而在消费者晨跑当中，推送“健康”“精力十足”等情感信息。定位消费者不同场景中的情感诉求，提供相对应功能的品牌信息，可“应情应景”地满足用户情感体验，提升场景营销价值。

三、原生内容效果

在语境理论中，一个句子或一段话只有置于该话语的语境之中才能得以确定并被理解。例如，我们在微博、微信朋友圈等虚拟社交场景中，若仅莫名发布一张照片或一句生硬的话语，常会让人觉得不明所以，无法产生共鸣。但若在发布照片或句子时，提前介绍该照片或句子的发生语境，如“天没亮便早起跑步，发现一个不一样的城市”等，将受众拉入信息发生的语境之中，则更易使社交信息获得理解与共鸣。同理，在数字营销中，只有将信息置于用户所在场景之中才变得容易理解，相对于硬性灌输的传统广告信息，生活场景中的原生内容更具有认知度和记忆度。

---

① 网易有道：2016 年情景营销白皮书. http://www.useit.com.cn/thread-15472-1-1.html，2017-05-31.

数字营销下的原生内容，即能够满足用户在不同生活场景中生活形态或生活方式的实质性内容。例如，有道词典从原本仅有的“翻译查词”的单纯功能，渐渐拓展延伸至“出国旅游”“海淘购物”“学习考试”等具有多种翻译需求的生活场景，将使用产品和接收信息巧妙转化成生活场景中的一种生活方式，既满足了用户实实在在的需求，又将品牌信息植入了用户生活，促进了品牌与用户的深入交流。

四、价值共鸣效果

现代营销学之父菲利普·科特勒认为，营销 3.0 时代即“价值观”为中心的时代，在新的时代中，营销者不再把顾客仅仅视为消费个体，而是把他们看作具有独立思想、心灵和精神的完整的人类个体[①]，营销的价值主张从“功能与情感的差异化”被深化至“精神与价值观的相应”。

新一代的消费者，不再只受自身利益和基本需求驱动，而越来越多地倾向于符合自身精神需求和价值观的信息，即“价值驱动”。以马斯洛需求层次理论衡量，消费者对品牌的需求逐渐由生理和安全层面提升至情感、尊重和自我实现层面。在这种价值驱动的营销环境下，品牌不仅要塑造好自身的企业使命、愿景、性格和价值观，也需及时转变对营销市场的认知方式，将市场、目标受众看作一个拥有独立思想、价值观的精神个体，从而与自身使命、愿景相融合，力争与目标消费者产生价值共鸣。

然而，品牌应从何处入手深入了解目标市场的精神需求和价值观呢？从目标受众的生活场景出发，判断界定目标场景所反映出的价值观，再结合创新性的营销手段推送相应价值观理念的信息，是场景营销时代的发展方向。每个场景必然或深或浅地反映出某种价值观，不同场景中的价值观也不尽相同，旅游场景中，价值观导向大多呈现出“健康”“舒心”的一面；工作场景中，普遍的价值观应是

① 科特勒 P，卡塔加雅 H，塞蒂亚万 I. 营销革命 3.0：从产品到顾客，再到人文精神. 毕崇毅译. 北京：机械工业出版社，2011：4.

“认真”和“高效”。随着技术的发展，未来的场景价值观定位甚至能细致到每时每刻。未来的数字营销效果测评，不仅要重视评价营销活动创造的价值与各生活场景的适配程度，还要重视对营销活动在情感和精神层面与目标消费群实现价值共鸣的评价。

延展阅读

科特勒 P，卡塔加雅 H，塞蒂亚万 I. 2011. 营销革命 3.0：从产品到顾客，再到人文精神. 毕崇毅译. 北京：机械工业出版社.

彭兰. 2015. 场景：移动时代媒体的新要素. 新闻记者，(3)：20-27.

斯考伯 R，伊斯雷尔 S. 2014. 即将到来的场景时代. 赵乾坤，周宝曜译. 北京：北京联合出版公司.

吴声. 2015. 场景革命：重构人与商业的连接. 北京：机械工业出版社.

第三章　电子邮件营销效果测评

电子邮件营销是一种较早的网络营销手段，指在用户许可的前提下，以电子邮件的方式与消费者进行沟通的营销方式。随着技术的发展，新型网络营销方式层出不穷，但是电子邮件营销凭借较低的投入成本和精准的投放目标依旧是企业常用的一种网络营销手段。本章将从电子邮件营销的概念和发展入手，在传统电子邮件测评指标的基础上加入场景思维，探索新视角下电子邮件营销效果测评的新思路。

第一节　电子邮件营销的概念及发展

电子邮件诞生于 20 世纪 70 年代，但是直到 20 世纪 90 年代才开始出现真正意义上的电子邮件营销。电子邮件营销使用的电子邮件格式不同于一般的电子邮件，应当有合规的电子邮件发件人信息，如公司名称、公司地址、联系方式等。根据《互联网电子邮件服务管理办法》，发送包含商业广告内容的互联网电子邮件时，必须“在互联网电子邮件标题信息前部”注明“广告”或者“AD”字样①。《中华人民共和国广告法》规定，“以电子信息方式发送广告的，应当明示发送者的真实身份和联系方式，并向接收者提供拒绝继续接收

①互联网电子邮件服务管理办法. http://www.gov.cn/ziliao/flfg/2006-03/06/content_219353.htm，2006-03-06.

的方式”。

一、电子邮件营销的概念

电子邮件营销，也称为 E-mail 营销、电邮营销、邮件营销等，是一种较早的网络营销方式。简单来说，电子邮件营销就是利用电子邮件的方式向用户传递品牌、商品和服务信息，以实现品牌曝光、促销等商业目的。

关于电子邮件营销的英译，有 email direct marketing（EDM）和 email marketing 两种。以英译的字面含义来看，EDM 是直接营销（direct marketing）的一种形式。从是否事先征得用户许可的角度来说，人们对电子邮件营销存在不同的理解：一种观点认为，电子邮件营销是在用户事先许可的前提下，通过电子邮件的方式向目标用户传递有价值信息的一种网络营销手段（冯英健，2013）；另一种观点认为，电子邮件营销就是向目标用户传递品牌、商品和服务信息，这种观点忽略了要事先获得用户许可这一前提，也不关心发送的信息是否对用户有价值。需要注意的是，随着网络环境的不断净化以及行业规范的成熟，合规的电子邮件营销越来越偏向于第一种观点，即电子邮件营销是基于用户的事先许可，将真实的产品和服务信息以电子邮件的形式在正确的时空场景下传递给目标用户，并确保该信息对目标用户和品牌自身都是有价值的。如今，未经用户许可而发送的电子邮件更多地被视为垃圾邮件，极有可能会对用户造成困扰，最终会被用户排斥，难奏其效。

二、电子邮件营销的历史与现状

电子邮件诞生于 1971 年，全球第一封电子邮件是被称为“电子邮件之父”的 Ray Tomlinson 通过 Arpanet 系统发出的①。但因为当时网络传输速度和设备的限制，只能发送一些极为简单的信息。20 世纪 70 年代后期，出现了互联网电

① Email 发展史你了解多少？–信息图. http://www.199it.com/archives/62483.html，2012-08-11.

子邮件服务。1977 年 11 月，RFC 733 标准格式通过，电子邮件可在互联网进行传输。“Electronic Mail”这一短语大约在 1977 年前后就出现了，1982 年，出现了“E-mail”一词。如今，电子邮件成为人们日常沟通中最常见和最正式的方式之一。

电子邮件在营销领域的应用要追溯到 1994 年，美国一对律师夫妇劳伦斯·坎特（Laurence Canter）和玛莎·西格尔（Martha Siegel）所进行的史上第一次垃圾邮件营销。他们将一封法律服务广告邮件大规模地发送到他们发现的近 6 000 个新闻组中，这封邮件在不到 90 分钟的时间内被散播到亚利桑那州的互联网提供商 Internet Direct 的电子邮件账户中。在劳伦斯·坎特和玛莎·西格尔的行为使互联网提供商的计算机崩溃至少 15 次之后，Internet Direct 封杀了他们的账户（Valauskas，1996）。从此，电子邮件引发了营销界的关注。1995 年，通过 E-mail 发送的广告数量超过传统邮件，响应率和收益都胜过传统邮件和其他销售形式。1998 年，随着 e-Dialog 和 Responsys 两家营销公司的成立，E-mail 营销逐渐发展为一种重要的营销方式（毛从任等，2011）。1999 年，Godin 在《许可营销：把陌生人变成朋友，朋友变成了客户》（*Permission Marketing: Turning Strangers into Friends, and Friends into Customers*）一书中提及“许可营销”的概念。在 Godin 看来，许可营销是营销者获得消费者信任并与消费者建立双向关系的一种营销方式：消费者向营销人员提供他们感兴趣的信息和想要接收的广告类型，营销者利用这些信息有针对性地为消费者传递广告和促销信息。这样的营销方式不仅能够降低消费者的搜索成本，也可以提高营销人员的目标定位准确性。同时，“许可营销”概念的提出把电子邮件营销的行业应用上升到更加成熟和规范的水平。2000 年，微软发布面向 Mac 的 Entourage 邮箱客户端及个人信息管理系统。三年后，微软又发布 Outlook 2003，首次引入垃圾邮件过滤和反钓鱼过滤器，能够接收来自多个账户的邮件①。艾瑞咨询研究显示，2009 年中国个人电子邮箱用户规模为 2.18 亿个，个人电子邮箱活跃账号规模达到 5.31 亿个。

① Email 发展史你了解多少？–信息图. http://www.199it.com/archives/62483.html，2012-08-11.

相关调查数据显示，2011 年，93%的美国网民接受许可邮件营销①，66%的英国 B2C（business to customer，企业对个人）营销业者使用电子邮件与客户沟通②。2016 年，国内外第三方邮件服务商邮件发送总量约为 3 500 亿封③。美国市场调研公司 The Radicati Group 的一项调查显示，2018 年，世界范围内的电子邮件用户达到 38.23 亿个，这一数字比全世界总人口的一半还要多，并预计到 2022 年用户量将达到 42.58 亿个④（表 3-1）。

表 3-1　全球电子邮件用户数预测（2018~2022 年）

年份	2018	2019	2020	2021	2022
用户数/亿个	38.23	39.30	40.37	41.47	42.58
增长率	—	3%	3%	3%	3%

资料来源：The Radicati Group

在中国，随着互联网营销手段的多样化，电子邮件营销作为“老一辈”网络营销方式的代表，受到了短视频营销、直播营销、KOL（key opinion leader，关键意见领袖）营销等各种新型营销方式的冲击，其市场地位也有所下降，但是电子邮件营销依旧是诸多品牌维系客户关系的重要方式，在与用户深度沟通方面具有不可撼动的地位。2016 年，电子邮件认证机构 ValiMail 研究显示，98.5%的人会每天检查自己的电子邮件，74%的人更倾向于使用电子邮件进行商业沟通，82%的人习惯将电子邮件地址作为网站注册的账号，66%的人会因为电子邮件产生网络购买行为，50%的消费者希望每周可以收到他们所信任的公司发来的邮件⑤。Focussend 发布的《2016 中国电子邮件营销行业白皮书》数据显示，2016 年我国第三方邮件服务商发送电子邮件总量约为 500 亿封，国外第三方邮件服务商发送电子邮件总量约为 3 000 亿封。在中国，虽然电子邮件的发送数量呈现下

① eMarketer：93%的美国网民接受许可邮件营销，电子邮件营销价值凸显. http://www.199it.com/archives/9671.html，2011-05-09.

② SkyIQ：英国营销业者仍然亲睐电子邮件. http://www.199it.com/archives/25990.html，2012-03-06.

③ Focussend：2016 中国电子邮件营销行业白皮书. http://www.199it.com/archives/565683.html，2017-02-21.

④ The Radicati Group，Inc. Email statistics report，2018-2022. https://www.radicati.com/wp/wp-content/uploads/2018/01/Email_Statistics_Report,_2018-2022_Executive_Summary.pdf，2018-06-10.

⑤ ValiMail：尽管地位撼动 但电子邮件依然是商业领域的王者——信息图. http://www.199it.com/archives/499754.html，2016-07-26.

降趋势，但是会员制邮件的投递数量不断增加[③]。EMMA 发布的《2017 年电子邮件营销报告》显示，58%的 B2B（business to business，企业对企业）营销人员计划增加在电子邮件方面的支出[①]。一系列数据表明，电子邮件营销仍然具有很强的生命力和商业价值。随着营销人员对电子邮件营销认识的加强和电子邮件服务商水平的提高，电子邮件营销的效果也将不断得到优化。

第二节 电子邮件营销效果测评模型与主要指标

评估电子邮件的营销效果是电子邮件营销的重要环节，也是企业评价电子邮件营销是否成功的主要依据。在本节，我们将对传统电子邮件营销效果的测评指标进行梳理，借助场景视角创新构建出更加立体化的电子邮件营销效果指标体系，以期为读者提供全新的思维方式和全面的电子邮件营销效果测评模型。

一、电子邮件营销效果测评模型

冯英健（2013）按照电子邮件营销的过程将电子邮件营销效果评价指标分为获取和保持用户资源阶段的评价指标、邮件信息传递评价指标、用户对信息接收过程的评价指标和用户回应评价指标四大类。赵晓鸿（2006）从电子邮件的发送效果、点击效果和经济效果三个方面构建了可以量化的电子邮件营销效果评估指标。以上学者均是从电子邮件的营销过程出发提出的电子邮件营销效果指标体系，具有一定的参考价值，但随着营销技术的发展和营销思想的演进，这些指标体系也有待进一步完善。

随着互联网的蓬勃发展和移动设备的不断更新，电子邮件营销也迈入了一个新的发展阶段。无论是何种方式的数字营销手段，都越来越重视用户的体验价值，由此衍生出来的营销场景也从现实空间延伸到网络数字空间。场景是时、空、人、

① EMMA：2017 年电子邮件营销报告. http://www.199it.com/archives/640358.html，2017-11-02.

物、价值及其关系的总和。场景视角下成功的电子邮件营销活动，就是在正确的时间、正确的地点、将正确的信息传递给正确的人，以使品牌和消费者实现共赢。接下来，我们将从场景的五大要素出发，重新构建电子邮件营销效果测评模型（表 3-2）。

表 3-2 场景视角下电子邮件营销效果测评模型

场景要素	测评方向	对应的效果测评指标举例
时	用户时间、营销时间	发送电子邮件的时间
空	用户位置、营销位置	用户所在位置 电子邮件渠道
人	用户属性、用户习惯	用户的人口统计特征 用户订阅邮件的习惯
物	营销语境、营销文本和营销载体	产品（品牌）属性 发送的邮件内容和形式
价值	用户价值、产品（品牌）价值、电子邮件（文本）价值	用户价值观 产品（品牌）价值 电子邮件文本价值
关系	场景要素之间的关系	以上指标间的匹配程度

如表 3-2 所示，场景视角下的电子邮件营销效果测评模型具有五个测评维度，分别是时、空、人、物和价值。时间维度测评的是企业开展电子邮件营销活动的时间是否合适。很多品牌选择在春节、情人节、五一等特殊节假日集中进行电子邮件营销活动，主要就是想利用这种节日场景驱动消费者产生购买行为，有些企业甚至通过"造节"的方式来扩大时间的影响力，如"618""双十一""双十二"等购物狂欢节。从细节来讲，时间指标还包含对电子邮件具体投递时间的测评，即电子邮件发送的时间是否合适，是否是在用户方便打开的时间段内发送，等等。空间维度是指品牌选择电子邮件营销活动的渠道是否合适，有没有考虑到消费者的现实定位。广告主可以借助大数据和定位技术，融合线上与线下，把电子邮件的内容和消费者的实际位置连接起来，通过电子邮件搭建生活场景和产品需求的桥梁。人和物的要素贯穿电子邮件营销活动的始终，是一场电子邮件营销活动最基本的构成要素。人即消费者，在电子邮件营销中指邮件清单列表是否准确定位目标消费群体，如果这一步走错了，后续的营销活动就会失去意义。物即产品和服务，就是电子邮件传送的内容是否准确，能否激发消费者的兴趣。价值

产生于人和物的互动关系，是人对物的价值评判，一旦电子邮件的内容可以激发并满足用户需求，那么消费者就会在电子邮件的引导下生成一系列行为。

二、电子邮件营销效果测评指标

电子邮件营销效果测评是对电子邮件营销活动的总结，也是对下一次营销活动的指导，具有承上启下的作用。无论是作为企业网络营销策略的一个组成部分，还是作为单独的一项网络营销方案，电子邮件营销活动都需要用一定的指标来评价其效果，“因为任何企业都希望投入的营销资源可以获得‘看得见’的效果”[①]。目前，大多数企业选择从电子邮件营销过程来制定一系列效果测评指标，如发信数、打开率、点击率、转化率等。这些测评指标经过长时期的锤炼，具备一定的参考价值。但是，这些测评指标并不能全面反映电子邮件营销活动的整体效果，因此，除了要根据传统指标对电子邮件营销活动进行量化测评，品牌也要培养场景思维，关注电子邮件营销获得的整体效果和其他潜在价值。表 3-3 为传统电子邮件测评指标分类。

表 3-3　传统电子邮件测评指标分类

指标分类	测评指标
交易指标	千人成本（CPM）
到达指标	发信数（email sent）
	到达率（email delivered rate）
点击指标	打开率（open rate）
	点击率/单次点击率（CTR）
	点击打开率（CTOR）
转化指标	转化率（conversion rate）
反馈指标	取消订阅（unsubscribe）
	抱怨数（complaint）
	退信率（bounce rate）
	回复率（response rate）

① 冯英健. 网络营销基础与实践. 4 版. 北京：清华大学出版社，2013：263

1. 千人成本

千人成本（cost per mail or cost per thousand，CPM）是衡量广告载体资金利用率的惯用指标。在电子邮件营销领域，CPM 通常指一个电子邮件广告发送给 1 000 个人所需要的成本，计算公式：千人成本=（广告费用/到达人数）× 1 000。例如，某电子邮件广告的费用为 350 元，共有 1 000 000 人收到了该电子邮件广告，那么该电子邮件广告的 CPM 为 0.35 元。

2. 发信数

发信数（email sent）是指在一次营销活动中，企业为实现营销目标发送的电子邮件总数。发信数与邮件清单列表的数量密切相关，但发信数并不是越大越好，定期对邮件清单进行清理和分类，有助于帮助企业在降低成本的同时提升营销效果。从场景视角来看，只有那些发送给目标消费者的电子邮件才是有意义的，因此，实际上有效的发信数要低于邮件清单列表的数量。

3. 到达率

到达率（email delivered rate）是指电子邮件到达用户邮箱的总数与总发信数之间的比例，计算公式：到达率=到达数/发信数×100%。由于服务器过滤弹回垃圾邮件或用户退订等原因，并不是所有的电子邮件都能成功到达目标用户的邮箱，所以到达率指标能够较好地反映出用户对企业电子邮件营销的开放和接收程度。从场景视角来看，影响到达率的主要因素有企业收集的邮件清单列表是否正确，以及消费者是否对该品牌的电子邮件采取了退订和屏蔽设置。

4. 打开率

打开率（open rate）是指某电子邮件被用户打开和查看的总数与发送的电子邮件总数之间的比例，计算公式：打开率=打开的电子邮件总数/发信数×100%。例如，某企业发送了 10 000 封电子邮件进行营销活动，其中有 750 封电子邮件被用户打开浏览，那么该电子邮件的打开率为 7.5%。电子邮件的打开率受多种因素影响，如邮件标题、邮件发送时间、邮件发送频率、消费者对品牌的认知程度等。从场景视角来看，电子邮件打开的时间、空间与消费者电子邮件的使用习惯密切相关，但对打开率影响更大的因素是价值，即消费者通过邮件标题判断该电子邮件是否对自己有用。

5. 点击率/单次点击率

点击率（click-through rate，CTR）是指某电子邮件被用户单次点击的次数与发送的电子邮件总数之间的比例，计算公式：点击率=单次点击次数/发信数×100%。需要注意的是，这里的单次点击次数也可以理解为不重复点击次数，即不论电子邮件中涉及多少链接和内容，用户只发生过一次点击行为。举例来说，如果某企业发送了 10 000 封电子邮件进行营销活动，结果总共收到了 230 次单次点击量，那么此次电子邮件的点击率为 2.3%。从场景视角来看，对点击率影响最大的因素是价值，即消费者判断自己的点击行为是否会给自己带来更多好处和利益。

6. 点击打开率

点击打开率（click-to-open rate，CTOR）是指某电子邮件用户单次点击次数与被用户打开的电子邮件总数之间的比例，计算公式：点击打开率=单次点击的邮件总数/打开的电子邮件总数×100%。例如，某企业发送了 10 000 封电子邮件进行营销活动，其中 1 200 个收件人打开了电子邮件，240 个人对邮件中的链接至少点击过一次，那么该电子邮件的点击打开率为 20.0%。从电子邮件的设计策划来看，电子邮件的标题对用户的打开行为影响较大，而电子邮件的内容及文案对用户的点击行为影响更大。点击打开率很容易与点击率混淆，其相同点都是评估电子邮件被单次点击的总体表现，但衡量的基准不一样，一个是以发送的电子邮件总数为标准，一个是以打开的电子邮件总数为标准。

7. 转化率

转化率（conversion rate）是指用户因某电子邮件产生的行为转换总数与发送的电子邮件总数之间的比例，计算公式：转化率=用户转换数/发信数×100%。转化率也可以理解为收件人对某一电子邮件营销活动的回应率和反馈率，是衡量电子邮件营销活动是否成功的重要指标。目前，绝大多数的企业从电子邮件是否成功引导消费者产生购买行为来衡量转化率，但转化行为不限于消费者购买，还包括了因电子邮件引发的网站访问、产品咨询、用户推荐等行为。从场景视角来看，对转化率影响最大的因素是价值，即该电子邮件的内容是否在一定程度上满足了消费者需求。相对于打开和点击行为，转换行为会花费用户较多的时间和精力，还会受到消费者所处地理位置的影响，因此企业在对电子邮件转化率进行测评的时候要考虑时间和空间要素。

8. 取消订阅

取消订阅（unsubscribe）是指用户向企业发送不再接收该品牌电子邮件的请求，要求将自己的电子邮件地址从企业的邮件清单列表中删除，这一指标可以反映出消费者对电子邮件营销活动的负反馈情况。消费者取消订阅的原因有很多，如电子邮件内容不佳、电子邮件发送过于频繁、电子邮件呈现效果不理想等，企业可进一步调查用户取消订阅的原因，为今后的电子邮件营销活动做好铺垫。从场景视角来看，用户取消订阅的主要原因是电子邮件带来的价值不值得自己花费时间和精力，其次是电子邮件发送的时间和频率对自己的生活造成了一定困扰。

9. 抱怨数

抱怨数（complaint）是指用户将某一电子邮件标记为垃圾邮件的数量，企业可以向各大互联网服务提供商获取这一数字。与取消订阅一样，抱怨数也是一项负反馈指标，可以用来指导企业改善下一步的电子邮件营销活动。从场景视角来看，用户抱怨电子邮件的原因有电子邮件的内容不符合消费者需求、电子邮件对用户的价值过低、电子邮件对用户生活造成困扰等。

10. 退信率

退信率（bounce rate）是指被弹回的电子邮件总数与发送的电子邮件总数之间的比例，计算公式：退信率=被弹回的电子邮件总数/发信数×100%。例如，某企业发送了 10 000 封电子邮件进行营销活动，其中有 80 封电子邮件被弹回，那么该电子邮件营销活动的退信率为 0.8%。影响退信率的主要原因是电子邮件地址错误、电子邮件被识别为垃圾邮件或收件人收件箱已经饱和等。由于一些网络服务系统不能精确地向品牌报告被弹回的电子邮件数量，故这一指标在准确性上有待考量。从场景视角来看，企业对收件人的准确识别和对邮件清单列表的科学管理是降低退信率的有效手段。

11. 回复率

回复率（response rate）是指某一电子邮件的回复总数与发送的电子邮件总

数之间的比例，计算公式：回复率=电子邮件回复总数/发信数×100%。一般来说，回复邮件会花费用户较多的时间，企业可以通过增强邮件内容的趣味性和适当提供奖励来吸引消费者回复邮件。从场景视角来看，回复是用户的高卷入行为，意味着电子邮件的内容和价值与消费者需求高度匹配。

第三节 电子邮件营销效果测评及其面临的难题

电子邮件营销效果关系到企业营销目标的实现程度，是营销人员制订下一步活动方案的参考标准。目前而言，千人成本、发信数、到达率、点击率是衡量电子邮件营销效果的基本指标，绝大多数企业逐渐注意到时间价值对电子邮件营销的重要性，但依旧缺乏对空间价值的运用。本节将通过大量的调研数据解析电子邮件营销效果的测评维度，希望能够在实践应用层面给大家带来新的思考。

一、电子邮件营销效果测评

通过大量的数据收集，笔者总结出目前电子邮件营销效果测评的维度大致有基于行业的电子邮件营销效果测评、基于时间的电子邮件营销效果测评、基于用户场景的电子邮件营销效果测评、基于人（用户）的电子邮件营销效果测评、基于文本的电子邮件营销效果测评和基于价值视角的电子邮件营销效果测评。

（一）基于行业的电子邮件营销效果测评

对营销人员来说，树立全局意识至关重要，只有详细了解电子邮件营销的最新发展态势，准确把握全行业的电子邮件营销效果，才能适时调整营销策略，做到有的放矢。

Sign-up 发布的《2016 年电子邮件营销各指标调查报告》从打开率、点击率、退订率、点击打开率、退订打开率等指标对建筑、慈善、公关等多个行业的电子邮件营销效果进行了评估。如表 3-4 所示，从数据结果来看，法律/会计行业电子邮件的打开率最高（37.25%），酒店行业（20.47%）和剧院行业（19.91%）的电子邮件打开率较低。从各个指标的关系来看，点击率和点击打开率具有较强的相关性和相似的效果趋势。总体而言，政府相关类行业和慈善行业的电子邮件在各个指标上都有较好的表现，其他行业的电子邮件在各指标上的表现略有差异，这与政府信息的高信度和慈善信息的去商业化有很大关系。其他行业如果想要提高自身的电子邮件营销效果，应该多从电子邮件的内容价值入手，为用户提供切实有用的品牌信息。

表 3-4 电子邮件营销效果核心指标报告（按行业分类）

行业	打开率	点击率	退订率	点击打开率	退订打开率
法律/会计	37.25%	6.75%	0.85%	14.08%	2.59%
电视/广播/电影	35.81%	1.33%	0.80%	4.68%	3.44%
政府相关类	33.99%	9.69%	0.23%	25.36%	1.01%
慈善	30.88%	4.31%	0.26%	12.63%	0.97%
建筑	28.70%	6.29%	0.97%	14.49%	3.18%
公关	27.41%	1.35%	0.41%	4.85%	1.54%
在线服务	26.66%	5.57%	0.51%	15.77%	2.99%
设计	25.31%	5.51%	0.55%	12.72%	3.34%
教育培训	24.49%	2.55%	0.48%	8.51%	2.82%
地产代理	24.12%	1.47%	0.76%	5.73%	3.25%
体育休闲	23.92%	2.62%	0.53%	10.92%	2.77%
音乐	23.88%	2.59%	0.28%	8.28%	2.11%
时尚	23.82%	4.08%	0.42%	15.23%	2.81%
健康疗养	23.80%	5.86%	0.50%	13.58%	2.72%
银行金融	23.08%	1.73%	0.52%	6.68%	2.99%
IT	22.82%	2.69%	0.61%	9.31%	4.37%
机械制造	22.47%	1.58%	0.51%	7.17%	2.39%
医药	21.97%	2.28%	0.51%	9.75%	3.25%
印刷出版	21.93%	4.76%	0.26%	15.11%	1.20%
批发销售	21.93%	2.44%	0.24%	10.76%	1.44%
旅游	20.94%	2.51%	0.46%	10.25%	2.30%

续表

行业	打开率	点击率	退订率	点击打开率	退订打开率
社区服务	20.64%	3.16%	0.36%	13.82%	4.12%
人力资源	20.63%	1.88%	0.87%	8.01%	4.60%
酒店	20.47%	1.37%	0.64%	6.51%	3.26%
剧院	19.91%	3.10%	0.28%	8.28%	2.11%

资料来源：Sign-up：2016 年电子邮件营销各指标调查报告. http://www.199it.com/archives/453869.html，2017-08-21

电子邮件营销的主要目标包括提高邮件订阅量、提高商品购买率、增强消费者对品牌的信任和忠诚度、扩大电子邮件清单的范围等。关于电子邮件营销即将消亡的文章每年都会出现，但是这样的观点依旧没有成为现实。从电子邮件诞生到今天，电子邮件的使用已经渗透到日常生活中的各个方面，对于营销人员而言，虽然电子邮件面临其他新型数字营销方式的巨大冲击，但依旧是必不可少的营销渠道和极其重要的沟通载体。很多有经验的数字营销者认为电子邮件营销可以比其他任何数字营销渠道带来更高的 ROI（return on investment，投资回报率），由此可见，电子邮件营销的重要地位不容忽视。

（二）基于时间的电子邮件营销效果测评

如果企业想要从时间维度来测评电子邮件营销效果，就要充分考虑到电子邮件用户的使用习惯，在用户经常使用电子邮件的时间段发送邮件会在很大程度上提高电子邮件的打开率和点击率。

Radicati 发布的《2011-2015 年 Email 统计报告》显示，23.63%的收件者会在收到邮件后 1 个小时内打开邮件，2 个小时后该比例就表现出明显下降趋势，只有 9.52%，3 个小时后是 6.33%，22 个小时后电子邮件的打开率低于 1%[①]。可见，在合适的时间向用户发送电子邮件十分重要。试想，当你正因大堆工作忙得焦头烂额或者好不容易得空休息的时候，你会留意邮箱中的电子邮件吗？

对于品牌来说，电子邮件营销的目的不仅仅是把电子邮件成功投递到目标用

① Radicati：2011-2015 年 Email 统计报告. http://www.199it.com/archives/73104.html，2012-10-14.

户的邮箱中，通过电子邮件与消费者产生沟通与联系才是重点，没有被消费者打开的电子邮件只能在收件箱里“沉睡不醒”。品牌需要设身处地地从消费者的角度选择电子邮件的发送时间，把消费者当作生活者，也许更容易找到发送电子邮件的“黄金时间”。

让我们闭上眼睛想象一个普通白领的一天。早晨 7：00 左右起床，简单洗漱之后就要开车（或乘公共交通工具）去上班，这段时间内他应该处于比较紧张和忙碌的状态；9：00~12：00 为上班时间，他会被各种会议、文件所包围，处于专注工作的状态，由于人无法长时间地集中注意力，这 3 个小时内他应该会有短暂的放松和休息；12：00~14：00 是午休时间；14：00~17：00 为下午的工作时间；17：00~18：00，从公司回家；18：00 以后，吃饭休息、适当加班。

电子邮件营销服务商 Benchmark 提出一天中最佳的电子邮件发送时间分别是上午 6：00、10：00 或 11：00、下午 14：00、15：00 或 16：00 和晚上 20：00~24：00。这几个时刻前后，人们的时间较为宽松或注意力较为集中，容易产生电子邮件打开行为。图 3-1 为各时间段电子邮件发送量所占比例。

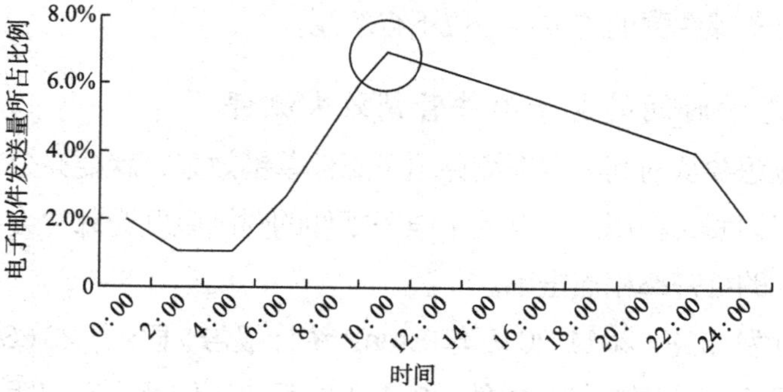

图 3-1 各时间段电子邮件发送量所占比例

资料来源：Fan Hsu. Benchmark Email–最佳郵件發送時間. https://blog.benchmarkemail.com/tw/%E6%9C%80%E4%BD%B3%E9%83%B5%E4%BB%B6%E7%99%BC%E9%80%81%E6%99%82%E9%96%93/，2017-10-23

现在，让我们把时间概念从日单元拉长到周单元。大量的调研报告数据显示：周六和周日的电子邮件发送量普遍较低，但是转化率相对较高。周三、周四、周五的电子邮件发送量较高，但是周四的电子邮件打开率和点击打开率更高（图 3-2）。

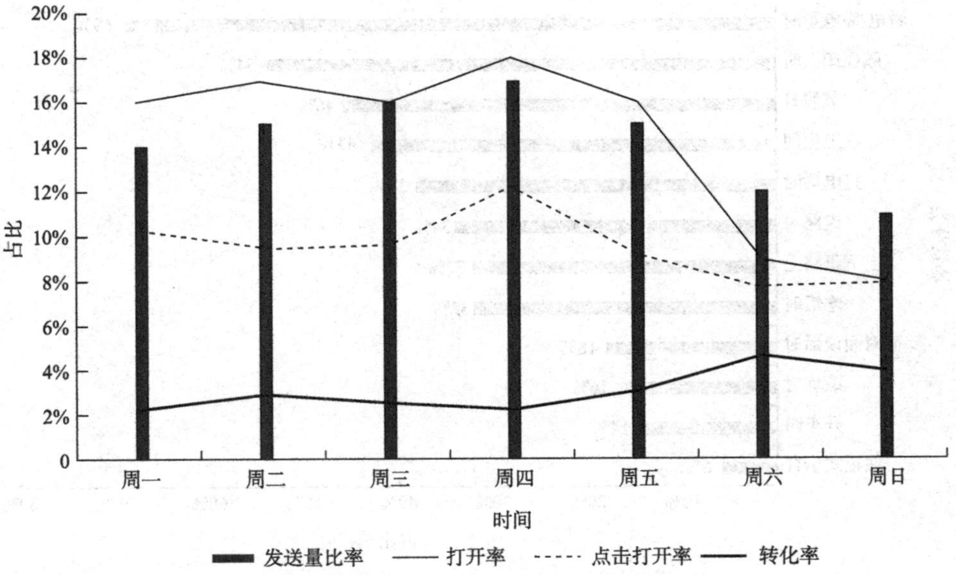

图 3-2　一周内电子邮件营销效果示意图

（三）基于用户场景的电子邮件营销效果测评

用户使用电子邮件的场景可以折射出消费者的地理位置、使用习惯和价值需求，无论互联网怎样发展，人依旧是现实生活中的人，了解电子邮件用户在现实空间的具体位置对营销者来说依旧具有重要意义。

在大多数人的印象中，办公室等工作地点是使用电子邮件的主要场合。如今，便捷的移动智能设备给电子邮件营销创造了新的入口，人们可以在任何时间、任何地点查看电子邮件。随着生活场景的碎片化，人们不仅在工作的时候查看电子邮件，在看电视、走路、与朋友聊天的时候也会打开电子邮件。Adobe 公司发布的《2017 年消费者电子邮件调查报告》显示，近七成（69%）的电子邮件用户会在看电视/电影时查阅电子邮件，54%的人喜欢躺在床上时查看电子邮件，46%的人会在节假日查看电子邮件，34%的人习惯边走路边看电子邮件（图 3-3）。有趣的是，43%的互联网用户会在卫生间查看电子邮件，也许营销人员可以把握这一契机，把卫生间这样一个独立的私密空间作为营销场景，利用电子邮件与消费者建立联系，让用户在如厕的同时也能够接收有价值的营销信息。

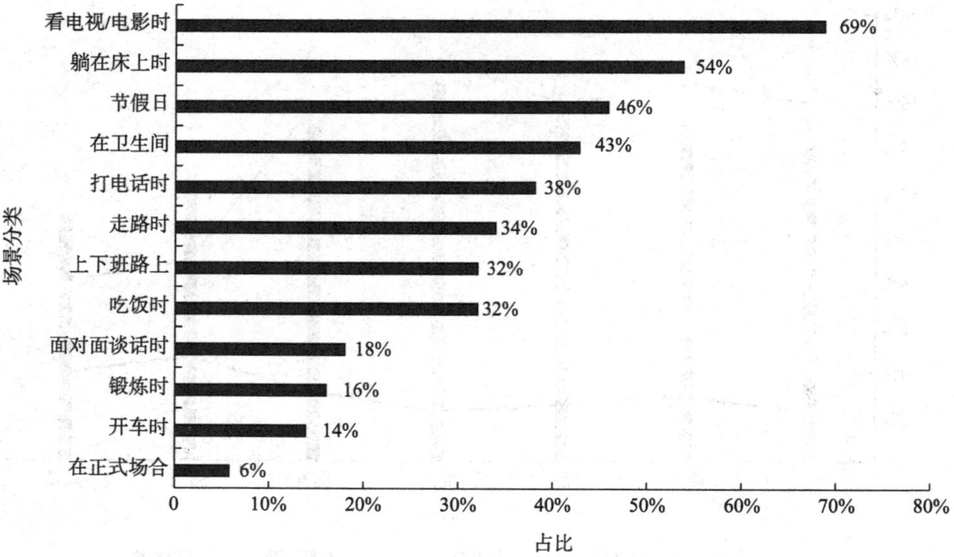

图 3-3　电子邮件使用场景分类统计图

资料来源：Adobe：2017 年消费者电子邮件调查报告. http://www.199it.com/archives/631857.html，2017-10-30

移动互联网技术把人们的生存环境从物理空间场景扩展到数字信息空间场景，承载信息的载体发生了巨大变化，不同的网络设备为人们营造出不同的网络虚拟空间。新的技术创造新的环境，新的环境塑造新的行为。随着移动互联网技术的发展和移动手机的普及，人们阅读和使用电子邮件的习惯也发生了巨大改变，用户越来越喜欢在移动端设备上打开和浏览电子邮件。根据 Return Path 和 Sign-up 发布的电子邮件使用报告来看，2017 年，超过一半的电子邮件（55%）是在移动应用客户端打开的，这一数字是 2011 年的两倍。网页客户端电子邮件和电脑桌面客户端电子邮件的打开率呈现出明显的下降趋势。2015~2017 年，电子邮件在移动应用客户端的打开率趋于平稳，一直保持在 50%以上（图 3-4）。

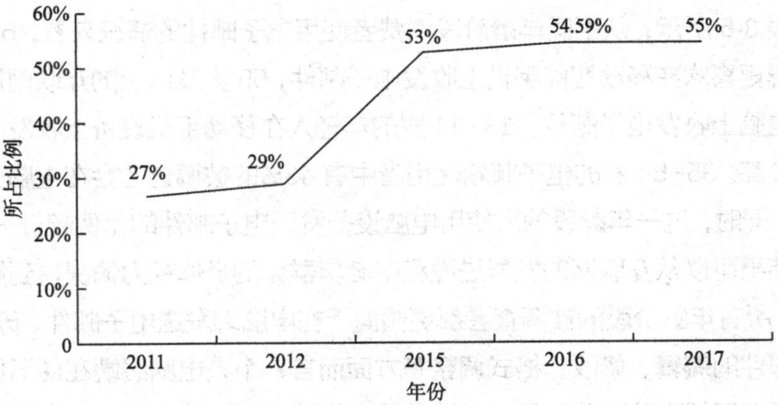

图 3-4 2011~2017 年移动应用客户端电子邮件打开情况

资料来源：Return Path：2017 年 55%的电子邮件在移动环境下打开. http://www.199it.com/archives/647369.html，2017-10-27；Sign-up：2016 年电子邮件营销各指标调查报告. http://www.199it.com/archives/453869.html，2017-08-21

（四）基于人（用户）的电子邮件营销效果测评

人是贯穿整个电子邮件营销活动的核心要素。消费者是电子邮件活动策划的出发点，同时也是电子邮件的接收终端，不考虑用户需求的电子邮件营销不仅徒劳无益，而且可能会引发用户的厌恶和抵制情绪。

2015 年，全球信息服务公司 Experian 调查了 1 200 名年龄在 18~55 岁的网络消费者，他们分别来自中国、新加坡、印度尼西亚、马来西亚和泰国。调查结果显示，电子邮件（76%）仍旧是消费者最优先选择的沟通方式，远远超过社交媒体（49%）。从亚洲整体情况来看，电子邮件依旧是推广产品的最佳渠道，64%的受访者在收到电子邮件的促销内容后产生过购买行为，比位于第二的社交媒体高出 11%。中国、新加坡、印度尼西亚、马来西亚和泰国这五个国家的受访者因电子邮件促销信息而产生购买行为的比例均在60%以上。从中国的整体情况来看，尽管近几年中国社交媒体呈现井喷式发展，但是通过社交媒体平台转化购买的比例（53%）远低于电子邮件的购买转化率（64%）[①]。

① 11+enlightening APAC digital marketing stats from November 2015. https://econsultancy.com/blog/67270-11-enlightening-apac-digital-marketing-stats-from-november-2015，2018-05-13.

如表 3-5 所示，从不同年龄阶段消费者使用电子邮件的情况来看，54 岁及以下的人群更喜欢在移动智能手机上收发电子邮件，55 岁及以上的互联网用户更倾向于在电脑上收发电子邮件。18~34 岁的年轻人在移动手机设备上收发电子邮件的比例较高。35~54 岁的电子邮箱使用者中有 43%的被调查者会在电脑上接收电子邮件，同时，这一年龄段的人使用电脑设备发送电子邮件的比例超过一半①。这一数据结果可以从互联网的发展进程和中老年群体的身体视力情况得到解释。整体来看，所有年龄阶段的被调查者都更倾向于在电脑端发送电子邮件。毋庸置疑，就电子邮件的编辑、修改、格式调整等方面而言，个人电脑终端在使用体验上比智能手机和平板电脑略胜一筹，但随着移动终端显示和输入技术的进步，这种情况将会发生改变。

表 3-5　不同年龄阶段消费者电子邮件的使用行为调查结果

行为	使用终端	18~34 岁	35~54 岁	55 岁及以上
接收电子邮件	智能手机	62%	46%	19%
	平板电脑	4%	8%	10%
	电脑	28%	43%	68%
	其他	5%	3%	2%
	不使用电子邮件	—	—	—
发送电子邮件	智能手机	46%	33%	12%
	平板电脑	4%	7%	9%
	电脑	44%	57%	75%
	其他	4%	3%	3%
	不使用电子邮件	1%	1%	1%

Adobe 公司发布的《2017 年消费者电子邮件调查报告》显示，超过六成（61%）的网络用户更倾向于通过电子邮件接收品牌信息，远远超过直邮广告（18%）、品牌移动端 APP（6%）、短信（5%）、社交媒体（5%）、电话（4%）等其他营销方式②（图 3-5）。庞大的用户规模和频繁使用给电子邮件营销提供了广阔的商业市场，也给营销人员带来更多的思考和挑战。

① YouGov：2017 年电子邮件用户调查报告. http://www.199it.com/archives/645480.html，2018-04-25.

② Adobe：2017 年消费者电子邮件调查报告. http://www.199it.com/archives/631857.html，2017-10-30.

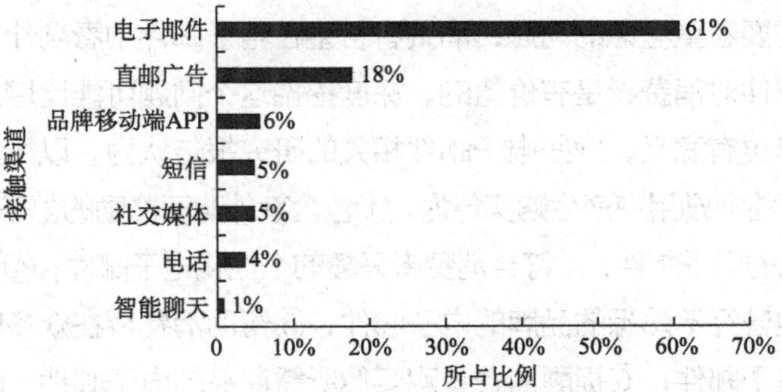

图 3-5 用户接触品牌信息的渠道选择

（五）基于文本的电子邮件营销效果测评

每一个营销者都希望能通过电子邮件来提高品牌的曝光度和消费者的参与度，因此除了准确掌握用户电子邮件的使用习惯以外，还要在电子邮件的标题、字体、内容、版面设计等方面下足功夫。电子邮件标题是用户收到电子邮件后首先接触的信息，标题的趣味性以及它所涉及的主题会影响消费者对电子邮件内容的判断，进而影响用户是否点击、阅读等一系列行为。Boomerang 的研究数据表明，标题栏在 10 个字以下的电子邮件的打开率可以达到 58%，内容字数在 50~125 字的电子邮件，其回应率可以达到 50%以上。

有研究表明，标题中含有“忠诚激励”字样的电子邮件在打开率、点击打开率和转化率等指标上表现良好（表 3-6），电子邮件营销人员可以从中得到启示，进一步优化电子邮件标题内容。

表 3-6 基于电子邮件标题内容的营销效果测评

邮件标题	提及率	打开率	点击打开率	转化率
降价	27%	11.7%	8.0%	10.2%
打折	54%	12.4%	10.2%	7.5%
买一送一	4%	12.8%	9.1%	8.9%
免费送货	9%	10.7%	8.4%	7.7%
忠诚激励	5%	19.3%	12.3%	10.8%

资料来源：Yes lifecycle marketing：2017 年电子邮件数量增长了 18%. http://www.199it.com/archives/701533.html，2018-03-20

营销者需要着重考虑的问题：消费者希望在电子邮件中看到什么内容，即什么样的电子邮件对消费者是有价值的。深度挖掘这个问题可能比增加更多的电子邮件地址清单更有意义。一些电子邮件相关的研究报告认为，以下几种类型的电子邮件最有可能激励用户产生购买行为：①包含额外购买奖励的电子邮件；②提供更多有用信息的电子邮件；③符合消费者兴趣的个性化电子邮件；④让用户接触和了解到一个他曾经不熟悉的品牌的电子邮件；⑤帮助消费者在众多的商品中挑选合适产品的电子邮件；⑥提醒消费者购买他所需商品的电子邮件；⑦嵌入视频和图片信息的电子邮件；⑧具有更多产品使用介绍内容的电子邮件。

（六）基于价值视角的电子邮件营销效果测评

从马克思政治经济学的角度来看，价值是凝结在商品中无差别的人类劳动，然而从场景营销的观点来讲，价值产生于时、空、人、物之间的匹配关系，是品牌与消费者之间的“使用与满足”。只有能够满足消费者需求，能够在时、空、人、物等要素之间创造意义的电子邮件营销活动，才能获得最大的效益转化。

如果用户预测可以从品牌发送的电子邮件中获取对自己有益的信息，那么就有可能会产生打开、点击、转化等一系列行为。打开率在一定程度上反映了消费者对电子邮件主题的兴趣；单次点击率反映了消费者对电子邮件内容的大致了解程度；点击打开率反映了消费者对电子邮件信息的了解深度；转化率反映了消费者对电子邮件价值的认同程度，是品牌电子邮件营销的最高追求。

对许多企业来说，触发式电子邮件是优化电子邮件营销效果的重要工具之一。品牌可以使用触发式电子邮件提前设置发送时间，针对不同的消费者发送特定的邮件内容，既节约了人力、物力，又满足了用户个性化的价值需求，提升了用户体验。Yes Lifecycle Marketing 在《2017 年 Q4 电子邮件指标报告》中对不同内容的触发式电子邮件进行了调查分析，并从打开率、单次点击率等指标上对触发式电子邮件和传统标准的非触发式电子邮件进行了对比，结果发现：以“欢迎”消息为主题的触发式电子邮件在打开率、单次点击率、点击打开率上都有较好的表现，以“周年纪念”消息为主题的触发式电子邮件的转化率最高（表 3-7）。从价值层面来思考这一现象，“欢迎”主题的电子邮件一般是在用户第一次注册时发送，邮件的价值处于较浅层次的品牌和产品概况介绍，消费者也处于初始的观望和探索状态，两者较难产生强互动和强信任，因此“欢迎”主题的电子邮件大多止步于“点击—打开”这一层面。从时间跨度来看，收到“周年纪念”主题电子邮件的用户最起码与该品牌有一年以上的联系，品牌对用户的兴趣和喜好有一定了解，借周年纪念的节日档口进行营销活动并投其所好，最有可能激发消费者的转化行为。

表 3-7 不同主题触发式电子邮件的营销效果

触发式电子邮件类型	市场份额	打开率	单次点击率	点击打开率	转化率
激活	4.0%	17.0%	1.4%	8.5%	7.7%
周年纪念	4.0%	17.7%	1.8%	10.2%	8.5%
生日	15.0%	17.7%	2.1%	12.0%	8.2%
再次激活	20.0%	5.3%	0.5%	8.6%	4.8%
欢迎	71.0%	29.1%	4.7%	16.2%	5.3%

资料来源：Yes lifecycle marketing：2017 年 Q4 电子邮件指标报告. http://www.199it.com/archives/698401.html，2018-03-16

二、电子邮件营销效果测评案例分析

本节选取了两个成功的电子邮件营销案例，广告主分别为特价服装销售网站 Shop It To Me 和在线时装与美容产品零售商 ASOS。这两个案例的共同点是在电子邮件营销的过程中，充分考虑到了用户体验，提高了邮件内容价值与消费者需求的匹配度，但在空间价值方面都应用不足。

（一）Shop It To Me 个性化电子邮件营销

Shop It To Me 是一家成立于 2005 年的特价服装销售网站，总部位于美国旧金山。当用户首次在 Shop It To Me 官网注册时，网站会提醒用户选择自己喜欢的服装类型、服装品牌和个人尺码，还会询问用户是否希望收到来自 Shop It To Me 发送的电子邮件（图 3-6）。如果用户选择接收电子邮件，还可以根据自己的需求设置邮件发送的时间和频率。设置完成后，Shop It To Me 将根据用户的偏好和要求发送最新的商品目录和折扣产品清单。Shop It To Me 通过这种有针对性的、礼貌的电子邮件营销，收获了大批忠实用户。

（a）注册登录页面

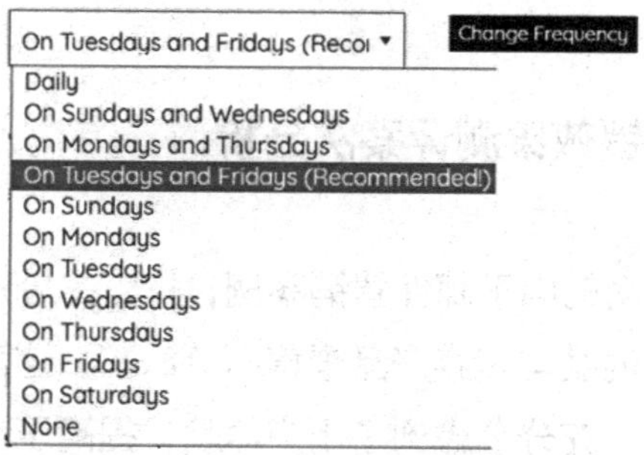

（b）电子邮件接收频次选项

图 3-6　Shop It To Me 注册登录界面及电子邮件接收频次选项

案例点评：

从场景的要素来看，特价时装网站 Shop It To Me 对用户价值和时间感知价值有较好的把握。Shop It To Me 根据用户的偏好和习惯定制电子邮件，在用户希望的时间发送用户需要的商品信息，这种为用户量身定制的电子邮件内容更具个性化，营销效果比千篇一律的通用邮件要好很多。但是，Shop It To Me 在空间价值方面的潜力还有待挖掘。如果 Shop It To Me 在用户许可的情况下能够对消费者的现实空间进行定位，对用户附近的折扣商铺进行搜索并向其发送电子邮件，连通线下和线上，就能够更好地满足消费者的场景需求，进而有机会获得更高的转化率。

（二）ASOS 时髦伦敦腔邮件召唤中国潮人

ASOS 是全球知名在线时装与美容产品零售商，销售 ASOS 自有品牌和其他众多国际潮牌。2013 年，ASOS 进驻中国，面对全新的市场，ASOS 通过别具一格的电子邮件开展营销。为契合 ASOS 网站紧跟潮流的调性，其电子邮件的设计参考了时尚杂志的编排，采用响应式邮件来适应不同设备下的显示效果，并设置了醒目的 CTA（call-to-action）按钮，在提升用户体验的同时激励消费者产生购买行为。此外，ASOS 还设置了各种欢迎类、交易类、节日问候类系统邮件，借助电子邮件延伸 ASOS 的服务功能，特别是购物车提醒类电子邮件大大拉动了销售额。在开展电子邮件营销活动的同时，ASOS 结合社交媒体与用户进行深度沟通，引导用户扫描电子邮件页面中的二维码关注品牌微信公众号，鼓励消费者在社交网站上分享关于 ASOS 的信息。通过全方位的电子邮件营销活动，ASOS 积累了一定数量的粉丝，电子邮件点击率超过 45%[①]。图 3-7 为 ASOS 的官网界面。

图 3-7　ASOS 的官网界面

① ASOS 时髦伦敦腔邮件召唤中国潮人. http://blog.csdn.net/webpower_China/article/details/44835471，2015-04-02.

案例点评：

从场景的要素来看，ASOS 的电子邮件营销活动在用户价值方面有较好的表现。ASOS 从消费者的感官体验出发设计响应式电子邮件，以求在不同媒介下获得良好的呈现效果。在时间维度上，规范有序的系统邮件帮助维系 ASOS 与消费者之间的关系。重要的是，ASOS 打通了电子邮件和社交媒体的通道，借助用户的口碑传播吸引消费者对 ASOS 的关注，使每一封电子邮件的商业价值得以扩展。ASOS 的响应式电子邮件的设计考虑到了消费者使用移动设备的空间要素，但是缺乏对用户现实空间要素的挖掘，没有将消费者所处的物理位置纳入电子邮件营销活动。ASOS 在这一营销案例中生动体现了国际范和时尚风格，但它和许多国际品牌一样，未能深入了解中国市场，特别是在本土化经营方面遇到不少难题。2016 年，ASOS 宣布退出中国市场。

三、电子邮件营销效果测评面临的困境

电子邮件营销在众多新兴数字营销方式的冲击下依旧具有生命力，是品牌进行客户资源管理的重要方式。合规的电子邮件营销应该事先经过用户许可，但在实际应用中，未经用户许可的垃圾邮件数量巨大，这对电子邮件营销效果的测评造成了一定干扰。

传统的电子邮件营销效果测评指标主要是从整个营销过程来衡量，包括发信数、到达率、千人成本、打开率、点击率/单次点击率、转化率、取消订阅、抱怨数、退信率、回复率等。场景视角下的电子邮件效果测评体系涵盖了时、空、人、物、价值五个维度，以“在正确的时间、正确的地点发送正确的内容给正确的人，达到品牌和消费者共赢的目标”为指导，评判电子邮件营销活动的效果。

从场景要素来看，目前的电子邮件营销活动对时间和价值要素把握较好，能够根据用户的人口统计学数据、以往的浏览及购买记录来优化和确定电子邮件的内容和发送时机，做到时间准确、内容准确，但是相对缺乏对空间要素、空间价值及空间数据的挖掘和利用。例如，线下百货店零售商如果能够让用户在经过百货店的时候接收到电子邮件，就更能满足用户的场景价值需求。

延展阅读

冯英健. 2013. 网络营销基础与实践. 4 版. 北京：清华大学出版社.

梁丽丽. 2017. 程序化广告——个性化精准投放实用手册. 北京：人民邮电出版社.

Baggott C. 2007. Email Marketing by the Numbers：How to Use the World's Greatest Marketing Tool to Take Any Organization to the Next Level. London：John Wiley & Sons Inc.

第四章　搜索广告效果测评

搜索广告是依托于搜索引擎发展起来的，它区别于其他数字营销手段，只有在用户主动搜索相关内容时，广告才有可能出现在用户搜索结果页面的某个位置。搜索广告成本低、见效快，是很多品牌进行网络营销的基本方式。本章将从搜索广告的概念和类型入手，逐渐深入场景视角下搜索广告的效果测评体系，并以百度竞价排名为例，着重介绍搜索广告的营销效果。

第一节　搜索广告的概念及其类型

搜索引擎是互联网用户获取信息的主要方式之一。互联网搜索引擎的诞生可以追溯到 1990 年，Alan Emtage 和 Bill Heelan 编写的一个供 FTP（file transfer protocol，文件传输协议）档案搜索传输的工具——Archie[①]。1998 年，GoTo.com 提出竞价搜索和关键词广告服务，以便让广告商的搜索结果出现在网页顶部[②]。2000 年左右，Google 搜索引擎迅速发展，并推出 AdWords 平台，为客户提供关键词广告服务。在我国，百度在搜索引擎市场的份额一马当先，具有不容小觑的领导地位。

① Archie search engine. https://en.wikipedia.org/wiki/Archie_search_engine，2018-05-23.

② Yahoo! Search marketing. https://en.wikipedia.org/wiki/Yahoo!_Search_Marketing，2018-05-23.

一、搜索广告的概念

搜索广告又可以称为搜索引擎广告或者在线搜索广告，是一种通过提前设定关键词，在用户搜索相关信息时将品牌商的广告显示在用户搜索结果页面特定位置的一种付费广告形式，绝大多数的搜索广告包括标题、文本、网址等要素，也有一部分搜索广告含有图片等其他附加信息。搜索引擎营销是数字营销传播应用领域的一大重要组成部分，广义上的搜索引擎营销泛指在搜索引擎平台上的一切营销活动，如付费搜索引擎广告（search engine advertising，SEA）、搜索引擎优化等，狭义上的搜索引擎营销多指付费搜索引擎广告。

中国互联网络信息中心发布的《第 43 次中国互联网发展状况统计报告》显示，截至 2018 年 12 月，我国搜索引擎用户规模达到 6.8 亿个，搜索引擎使用率为 82.2%，较 2017 年增长 6.5%，其中手机搜索用户规模为 6.5 亿个，较往年增长 2 998 万个。网络搜索是互联网应用的基础功能，搜索广告相对于其他互联网推广方式而言费用低、见效快，而且容易操作，因此被绝大多数企业作为基本的数字营销手段。近几年，我国对网络搜索服务的监管不断加强，2016 年 6 月，国家互联网信息办公室发布的《互联网信息搜索服务管理规定》要求互联网信息搜索平台“不得通过断开相关链接或者提供含有虚假信息的搜索结果等手段，牟取不正当利益”（第九条），“应当提供客观、公正、权威的搜索结果”（第十条），在提供付费搜索信息服务时，要“明确付费搜索信息页面比例上限，醒目区分自然搜索结果与付费搜索信息，对付费搜索信息逐条加注显著标识”（第十一条）①。

二、搜索广告的主要类型

搜索广告区别于其他数字营销方式，是由用户需求触发的一种广告形式。在我国，搜索引擎大致可分为综合搜索引擎和垂直搜索引擎，以搜索引擎为主要展

① 互联网信息搜索服务管理规定. http://www.cac.gov.cn/2016-06/25/m_1119109085.htm，2016-06-25.

示平台的搜索广告也有各种各样的形式和类型。

（一）按照搜索广告目的划分

没有无目的的广告，任何企业都是基于一定营销目的投放广告。我国最大的搜索引擎网站百度依据品牌主的广告目标，将百度平台的搜索广告划分为以扩大销售为目标的搜索广告、以品牌推广为目标的搜索广告、以商品推广为目标的搜索广告、以本地推广为目标的搜索广告和以 APP 推广为目标的搜索广告。其中，以扩大销售为目标的搜索广告又可以划分为标准推广、图片凤巢和线索通三种广告形式；以品牌推广为目标的搜索广告划分为知识营销、品牌华表、品牌专区和商业阿拉丁四种广告形式[①]。

（二）按照搜索平台划分

从搜索平台的角度来说，搜索广告可以划分为电脑端搜索广告和移动端搜索广告。电脑端搜索广告的特点是内容全面、细节丰富，这是由电脑屏幕大小决定的；移动端搜索广告的特点是简洁、方便，这跟智能手机、平板等移动设备的便携性密切相关。随着移动智能设备的不断升级和更新，网络用户的移动搜索体验不断提升，“随时搜、随地搜”的移动搜索成为主要趋势，越来越多的品牌也在逐渐加大对移动搜索广告的投入。Kenshoo 发布的《2015 年第三季度数字营销简介》显示，2015 年第三季度亚太地区的移动搜索广告支出年增长 61%，是电脑端搜索广告支出增幅（4%）的 25 倍[②]。

（三）按照搜索引擎营销模式划分

冯英健（2013）认为搜索引擎营销经历了登录分类目录、搜索引擎自然检索、搜索引擎关键词广告和广告联盟等阶段，刘向晖（2009）将搜索引擎营销模式划分为免费登录搜索引擎、付费登录搜索引擎、搜索引擎优化、关键词广告、竞价排名和网页内容定位广告。其中，搜索引擎优化是指根据特定搜索引擎的广告排

① 什么是搜索广告. http://e.baidu.com/product/sousuo，2018-06-02.

② Kenshoo：2015 Q3 亚太地区移动搜索广告支出同比增长 61%. http://www.199it.com/archives/405527.html，2016-08-02.

名算法对网站内容和结构进行优化，以提升品牌广告在搜索结果页面的排列顺序。

（四）按照关键词的种类划分

关键词广告是搜索广告的主要营销模式。互联网搜索广告与其他广告类型的不同在于搜索行为是由用户主动触发的，搜索广告是对用户信息需求的匹配，匹配度的高低取决于关键词设置是否全面、准确。按照关键词的种类大致可以将搜索广告划分为企业/品牌关键词广告、品类关键词广告、功效关键词广告、时间关键词广告、错别字关键词广告、价格关键词广告、地址关键词广告等（表4-1）。

表4-1 关键词种类举例及示例

关键词的种类	示例
企业/品牌关键词	华为、百雀羚、阿迪达斯等
品类关键词	手机、汽车、电脑等
功效关键词	美白、省油、增高等
时间关键词	最近、五一、春节等
错别字关键词	哇哈哈（娃哈哈）、顶票（订票）等
价格关键词	一百左右、十万以内等
地址关键词	体育场、鸟巢、步行街等

第二节 搜索广告效果主要指标

目前，学界和业界还没有形成一个科学完整的搜索广告营销效果测评指标体系，绝大多数的企业是从广告排名、关键词质量、点击率、转化率等方面综合测评搜索广告的营销效果。本章在前人研究的基础上，从场景视角提出搜索广告营销效果测评模型，试图为搜索广告的效果测评提出有效指导。

一、搜索广告效果测评模型

陈海平（2010）从系统角度和用户角度来测评用户检索效率，其中系统角度包括检全率、检准率和响应时间等指标，用户角度包括用户对搜索引擎广告的接受度、用户对广告的区分度和用户感知的检索方便程度这三大指标。冯英健（2013）将搜索引擎营销的目标从低到高分为存在层、表现层、关注层和转化层四个层次。存在层可以理解为品牌网站在搜索引擎中的可见度。这一层面的目标是提高网页被搜索引擎收录的数量和机会，当用户使用关键词搜索时出现企业的付费广告信息，这是搜索引擎营销的基础，也是搜索广告效果测评的前提。表现层是企业网站在搜索结果中的位置顺序。用户面对海量数据只能择优进行选择，而这里的“优”往往被消费者简化为“先”，即排列在最前面的信息最有可能被用户查看和点击，因此表现层的效果目标是获得较好的搜索排名。关注层直接衡量用户对搜索广告的行为转化效果，表现为用户是否通过搜索广告进入目标网站，这关系到搜索广告的点击量和网站访问量。转化层是关注层的进一步提升，其目的是将网站的访问者转化为品牌的客户，也是最难达到的搜索广告目标。总而言之，冯英健从搜索广告的信息传递过程将搜索广告效果划分为收录、排名、点击/访问、转化四个维度。王平（2012）在目标导向性原则和可操作性原则的前提下，提出包括排名、流量、行为和效益四个一级指标的搜索引擎广告效果测评指标体系（图 4-1）。

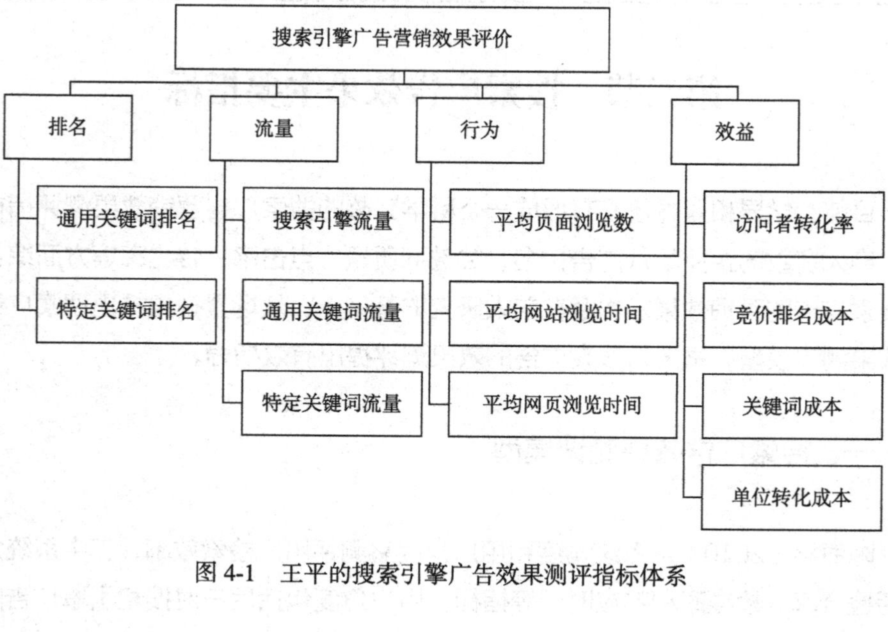

图 4-1　王平的搜索引擎广告效果测评指标体系

随着消费者自主性的提升和虚假搜索广告欺诈行为的泛滥，用户对搜索广告的戒备心不断增强。在这种营销背景下，品牌单从经济效益或者用户行为来衡量搜索广告的营销效果就显得格外单薄，树立一个以消费者为中心的场景思维至关重要。时、空、人、物、价值及其关系的总和构成了场景的基本要素，也营造了用户接触搜索广告的场景环境，越能适配用户搜索场景的广告越能获得良好的营销传播效果。表 4-2 为场景视角下搜索广告营销效果测评模型。

表 4-2　场景视角下搜索广告营销效果测评模型

场景要素	测评方向	对应的效果评测指标举例
时	用户时间、营销时间	购买关键词的时段
空	用户位置、营销位置	用户所在位置、 搜索广告渠道
人	用户属性、用户习惯	用户的搜索习惯
物	营销语境、营销文本和营销载体	关键词的内容、搜索广告的文本、搜索广告的位置
价值	用户价值、产品（品牌）价值、 关键词价值	用户价值观、 产品（品牌）价值、 关键词文本价值
要素关系	场景要素之间的关系	以上指标间的匹配程度

场景的时间要素关系到品牌搜索广告营销节点的选择。企业常常会通过购买关键词和各种搜索引擎优化手段来提高品牌广告的网页排名，考虑到搜索引擎优化在时间上具有一定的滞后性，因此如果想要在某一个特定节日（如春节、奥运会、世界杯）期间取得良好的广告效果，就需要提前进行搜索优化。在母亲节、中秋节、春节等节日前后，很多消费者会为家人朋友购买礼物，企业如果在这期间集中购买关于礼品或者节日类的关键词，也许可以帮助品牌带来意想不到的流量。空间要素主要测评搜索广告出现的平台是否与消费者的网络使用习惯相匹配，企业要准确把握目标消费人群的搜索渠道，合理规划搜索广告在各平台上的投放比例。人是搜索广告展示的对象，物是搜索广告展示的内容，两者缺一不可。价值体现为搜索广告在时、空、人、物各要素间的组合效果，在正确的时间、正确的平台把有用的信息传递给目标用户的搜索广告一定具有高价值，而高价值搜索广告的价值就在于可以进一步引导消费者进行点击和购买转化。

二、搜索广告效果测评指标

网络广告自诞生之日起，一个最大的亮点就是其交互性和可测量性[①]。搜索广告相对于其他网络广告形式而言，在多个效果测评指标上具有重合性，如展示次数、点击次数、点击率、转化率等。由于搜索广告属于网络用户主动触发的一种广告形式，因此在传统效果测评指标的基础上增设了关于被触发广告的质量指标，如广告排名、关键词质量、质量得分等，这些是搜索广告独有的效果测评指标。表 4-3 为传统搜索广告测评指标分类。

表 4-3　传统搜索广告测评指标分类

指标分类	测评指标
曝光指标	展示次数
互动指标	点击次数
	点击率
	跳出率
质量指标	广告排名
	关键词质量
	着陆页质量
	质量得分
交易指标	预算
	每千次展示费用
	每次点击费用
转化指标	转化率
场景指标	推广地域

1. 展示次数

展示次数又可以称为曝光次数，指的是因用户搜索关键词所触发的广告展示总次数，只要品牌广告出现在用户搜索结果页面，即算作一次曝光。在用户同一次搜索过程中，因翻页出现在不同页面上的广告将根据关键词和广告创意进行计次。Google 在 Adwords 使用说明中提到，只要搜索广告出现在网民停止输入后

① 冯英健. 网络营销基础与实践. 4 版. 北京：清华大学出版社，2013：293.

的页面不低于 3 秒即可视为一次曝光。从场景的视角来看，展示次数的核心在于关键词的设定是否与网民用户的搜索词准确匹配。关键词应该是品牌方在了解自身产品特性和目标用户的切实需求及搜索习惯后精心挑选的字词，其作用是在消费者和品牌之间搭建沟通的桥梁。因此，关键词不一定要以品牌或者产品名称为主，也可以使用与消费者日常生活相关的各种词汇。

2. 点击次数

点击次数是指广告出现在用户搜索结果页面后被网民点击的总次数。从场景价值的层面来讲，越能满足用户需求、为用户提供有效问题解决方案的广告越能获得更多的点击次数。

3. 点击率

点击率是衡量搜索广告效果的重要指标，指的是某搜索广告被用户点击的总次数与该广告展示次数之间的比例，即点击率=总点击次数/展示次数×100%。点击率反映了有多少人在搜索后看到品牌广告并进行点击，品牌可以从点击率的高低推算出广告与用户需求的相关性。从场景的视角来看，点击是用户在众多搜索结果中对页面信息进行价值判断后的决策行为，体现了消费者对广告信息的兴趣和信任。

4. 跳出率

跳出指的是用户通过搜索广告访问目标网页（往往是首页）后，没有继续查看该网站的企业页面，而是短暂停留后就离开或关闭了企业网站。因此，跳出率是反映目标网站对消费者吸引力的一个指标，跳出率越低，说明继续访问网站的人数越多。跳出率的计算公式：跳出率=只访问目标页面就离开网站的次数/总访问次数×100%。

5. 广告排名

广告排名是指品牌的推广广告出现在用户搜索结果页面的排位和顺序。一般而言，消费者习惯从上到下、从前往后浏览网页，因此排位越靠前的广告越有可能受到用户关注。不同的网站平台设有不同的广告排名算法，就 Google 而言，其网页上的广告排名是通过一套广告评级的方法来确定的。Google 会为每一个参与竞价排名的广告进行评级，影响广告评级的主要因素有广告出价、广告及着陆页的品质、广告评级门槛、用户搜索情境、广告附加信息和其他广告格式的预计影响等，评级越高的广告越有机会出现在有利位置[①]。这样的排名规则为那些预算紧张但内容优质的广告主提供了机遇，品牌只要广告品质出色、关键词设定精准、广告与用户搜索内容关联性强，就可以打败那些出价较高的竞争对手，赢得较高的广告排名。

6. 关键词质量

关键词与用户的搜索词相对应，是企业用来锁定潜在目标客户的字词。只有企业设定的关键词与网民搜索的内容相似或相关时，网页才会显示该品牌广告，因此，关键词质量可以理解为广告词与用户搜索词之间的匹配程度。关键词质量受多种因素影响，如预估点击率、推广账户的历史表现、内容相关性、着陆页面的稳定性和使用体验等。

7. 着陆页质量

着陆页又可以称为访问页，指的是用户点击广告后被链接到的目标网站页面。着陆页质量测评的是网站内容与用户需求的关联程度和用户的网页使用体验，提升网站内容对用户的价值、缩短页面加载时间、设计清晰简明的浏览界面、增设内容分类标签可以有效提升着陆页质量。

8. 质量得分

质量得分是 Google Adwords 中的一个重要指标，用以综合衡量广告、关键字和着陆页质量，采用 1~10 分制表示。高品质的广告意味着关键词和着陆页内容与用户需求高度贴切，能够以较低的价格获得较为理想的广告排名。

9. 预算

预算是指广告主愿意为广告推广支付的最高费用。在客户设定的每日预算范围内，网站会尽可能多的显示广告，达到每日预算后，原则上不会再显示该广告主的品牌广告。在 Google 的 AdWords 平台，客户可以自主设置放送选项来调整广告的曝光数量。考虑到某些日期节点的特殊性，AdWords 提供超量放送服务，即通过降低某些日期的广告支出保证广告在人气旺盛的节日频繁显示，最高

① 广告排名和广告评级简介. https://support.google.com/adwords/answer/1722122，2018-06-04.

可达到每日平均预算的两倍[①]。

10. 每千次展示费用

每千次展示费用是指当广告在互联网页面获得千次曝光时广告主所要支付的费用。每千次展示费用以广告可见为标准进行付费，因此只有当广告出现在用户可见的位置时，广告主才需要支付费用。对于 Google 而言，当影片广告有一半的面积在网页出现超过 2 秒即算作一次可见。

11. 每次点击费用

每次点击费用是指广告主为用户的每次点击行为所支付的费用。广告主可自行设定愿意为每次点击支付的最高金额，实际每次点击费用不会高于这个价格。一般而言，每次点击费用与品牌的销售额和业务性质密切关联。百度的每次点击费用取决于广告主的出价、关键词质量度和广告客户排名等因素，即每次点击费用=（下一名出价×下一名关键词质量度）/当前关键词质量度+0.01 元。

12. 转化率

转化率是指消费者因为搜索广告而形成的某一特定行为转化总次数与广告总点击次数之间的比例，即转化率=转化次数/点击次数×100%。网络用户的转化行为可根据品牌的营销目标进行设定，包括但不限于注册会员、在线咨询、填写问卷、申请使用、购买商品等。

13. 推广地域

推广地域是指广告主可根据目标客户所在的位置设定广告推广的地理范围，即只有特定地区的用户搜索关键词才会看到品牌广告。推广地域的大小可依品牌需求进行个性化设置，大到整个国家或地区、小到某个景点或居民楼均可。从场景的视角来看，推广地域关系到营销场景空间的选择，品牌在目标用户聚集的区域范围内集中投放广告既能节省广告费用，也可以提高广告营销效果。

---

① 每日预算：定义. https://support.google.com/adwords/answer/6312?hl=zh-Hant&ref_topic=24937，2018-06-04.

第三节 搜索广告效果测评及其面临的难题

搜索广告的效果测评直接关系到广告主的营销费用和搜索引擎平台的直接利益，也影响着整个行业的发展走势。广告主希望通过数据直观真实地了解广告投放效果，同时，搜索引擎平台也在不断地优化推广手段，尽最大努力为企业提供全方位的服务。本章将通过大量研究数据展示不同视角下的搜索广告效果测评结果，以百度为代表说明搜索广告营销效果的主要测评指标。目前而言，展示数量和点击率是衡量搜索广告效果的基础指标，但是恶意点击等行为严重影响了正常的搜索广告效果测评，尽管一些搜索引擎平台通过技术手段来识别恶意点击，但是完全准确地消除恶意点击仍然有一定难度。

一、搜索广告效果测评

总体而言，各企业或者数据机构在搜索广告测评指标的设定上大同小异，如展示次数、点击率、点击成本等。本节对搜索广告效果测评的维度进行了归类，从用户场景、搜索设备和平台、服务内容、行业、搜索方式等角度介绍搜索广告的营销效果表现，以期为营销人员和行业发展提供实践性的指导作用。

（一）基于用户场景的搜索广告营销效果测评

很少有消费者会无缘无故地在网络检索信息，大部分的用户都是基于一定目的进行网络搜索，因此搜索结果承担着帮助用户解决问题或减少疑问的功能。了解触发消费者网络搜索的场景环境，一方面可以推导出他们的搜索动机，另一方面也可以实时创造消费者需求，达到精准营销的效果。中国互联网络信息中心发布的《2016 年中国网民搜索行为调查报告》显示，人们在绝大多数场景中都更喜欢使用移动智能手机进行网络搜索，这跟手机的便携性、移动网络资费的下降和 Wi-Fi 信号的普及密切相关，但是在工作和学习场景中的用户更倾向于使用电脑进行搜索。如图 4-2 所示，不论是电脑端还是手机端，用户在工作学习、网上购物、新闻热点事件发生、下载娱乐资源时的搜索需求都比较旺盛，用户在查找生活服务场景下的搜索比例较低。单从手机端来看，网上购物、出差旅行和日常出行是最常进行网络搜索的用户场景。营销人员需要在把握消费者搜索习惯的基础上思考如何让搜索广告的内容和形式符合用户的搜索场景特性，如工作学习场景下的搜索结果推荐以知识问答、知识百科的形式而不是视频动画的形式出现、网上购物场景下的搜索结果最好出现产品缩略图、价格等核心要素等。对于人们在热点事件发生时的高搜索表现，营销者可以趁机开展借势营销，努力寻找品牌与热点事件的关联，灵活调节关键词，在人们搜索热点事件时暴露广告。

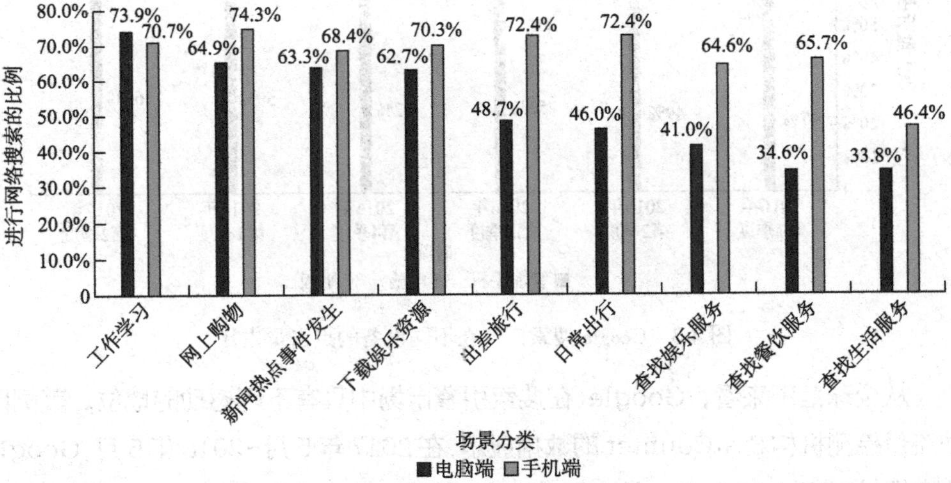

图 4-2 用户在各种场景下使用搜索引擎的比例

资料来源：中国互联网络信息中心《2016 年中国网民搜索行为调查报告》

（二）基于搜索设备和平台的搜索广告营销效果测评

不同的搜索设备具有不同的观看体验，不同的搜索平台设有不同的广告排名算法，因此，从整体上概览整个搜索引擎市场的发展现状，可以帮助营销人员更好地选择搜索广告的呈现方式。中国互联网络信息中心发布的《第 43 次中国互联网络发展状况统计报告》显示，截至 2018 年底，我国网民规模为 8.29 亿个，其中使用手机上网的网民规模为 8.17 亿个，比例高达 98.6%。在这样的大环境下，移动手机成为众多用户网络搜索的主要入口。搜索引擎移动化的趋势不仅在我国表现突出，在美国也是如此。BIA/Kelsey 发布的数据显示，在 2014 年，美国网民在手机端的搜索量超过电脑，预计 2018 年手机端口的搜索量达到 127.5 亿次①。在主宰美国搜索广告市场的 Google 平台，2016 年以来移动手机端口的搜索广告点击率的贡献量不断攀升，并在 2017 年第 2 季度占到所有平台（智能手机、电脑、平板）点击量的 60%②（图 4-3）。

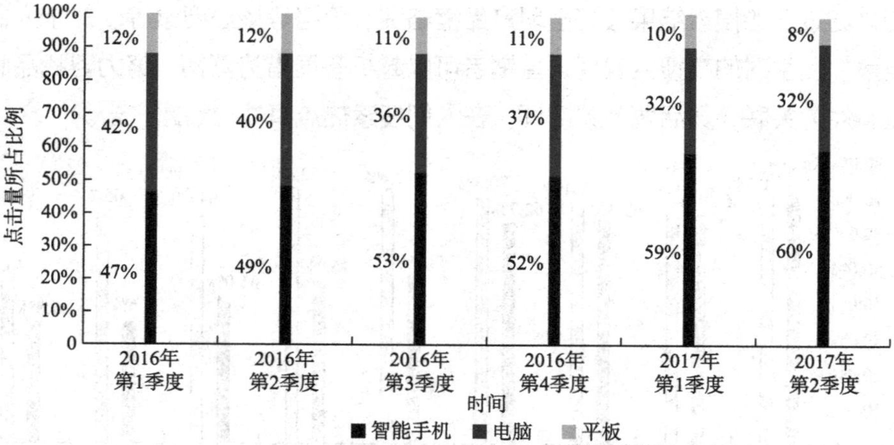

图 4-3 Google 搜索广告在不同设备的点击量占比

从全球范围来看，Google 在搜索引擎市场中具有不可撼动的地位。美国网站流量检测机构 StatCounter 的数据显示，在 2017 年 5 月~2018 年 5 月，Google 的市场份额高达 91.61%，其次是必应（2.81%）和雅虎（2.07%），我国最大的搜索引擎网站百度位列第四，占全球市场份额的 1.57%③。如图 4-4 所示，从我国搜索引擎市场来看，百度搜索具有压倒性优势（74.42%），其次是神马（11.4%）和好搜（7.23%）。其中，好搜在电脑端的市场占有率位于第二，达到 26.34%；而

---

① BIA/Kelsey：2015 年美国移动平台本地搜索咨询量首次超过 PC 达 818 亿次. http://www.199it.com/archives/352150.html，2015-06-02.

② eMarketer：2017 年 60%美国手机用户经常使用手机搜索. http://www.199it.com/archives/639873.html，2017-10-06.

③ Search engine market share worldwide May 2017-May 2018. http://gs.statcounter.com/search-engine-market-share#monthly-201705-201805-bar，2018-06-04.

神马在移动端的市场占有率表现较好，达到 15.48%①。

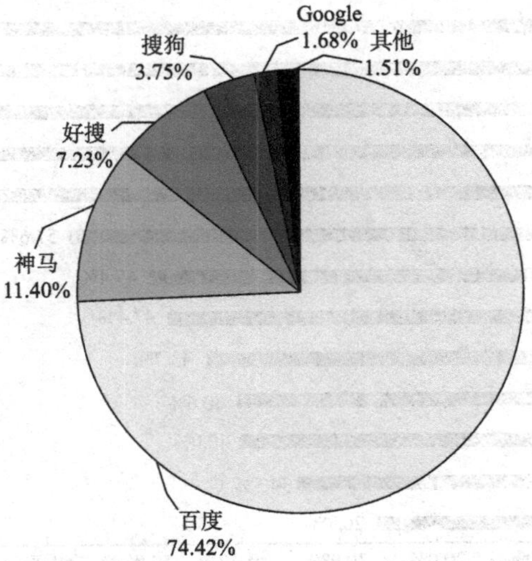

图 4-4 我国各搜索引擎平台市场占有率

（三）基于服务内容的搜索广告营销效果测评

目前而言，按照搜索引擎的工作方式，大致可以将搜索引擎分为全文搜索引擎、目录搜索引擎和元搜索引擎。随着网络信息的指数型增长，很多网站都开辟了站内搜索功能为用户查找信息提供更便捷的入口，社交类平台也在逐渐提升跨平台信息搜索水平。尽管综合性搜索引擎依旧是网民搜索的主要渠道，但是以专业性见长的垂直型平台也积累了一定数量的用户。中国互联网络信息中心发布的《2016 年中国网民搜索行为调查报告》的数据显示，使用百度、360 等综合搜索引擎的网民比例最高，渗透率达到了 85.0%，其次是购物搜索（81.5%）、视频搜索（77.1%）、新闻搜索（77.0%）和地图搜索（69.3%），见图 4-5。值得一提的是，微信搜索的渗透率（57.6%）相对于 2015 年提高了 3.4 个百分点，成为为数不多的在渗透率方面有所上升的搜索服务类型。导航网站在电脑端（40.8%）的渗透率要高于手机端（32.0%），而地图类搜索服务在手机端（68.0%）的表现要优于电

① Search engine market share China May 2017-May 2018. http://gs.statcounter.com/search-engine-market-share/all/china#monthly-201705-201805-bar，2018-06-06.

脑端（51.8%）[①]，这跟搜索设备特性和用户使用搜索引擎的场景有很大关系。

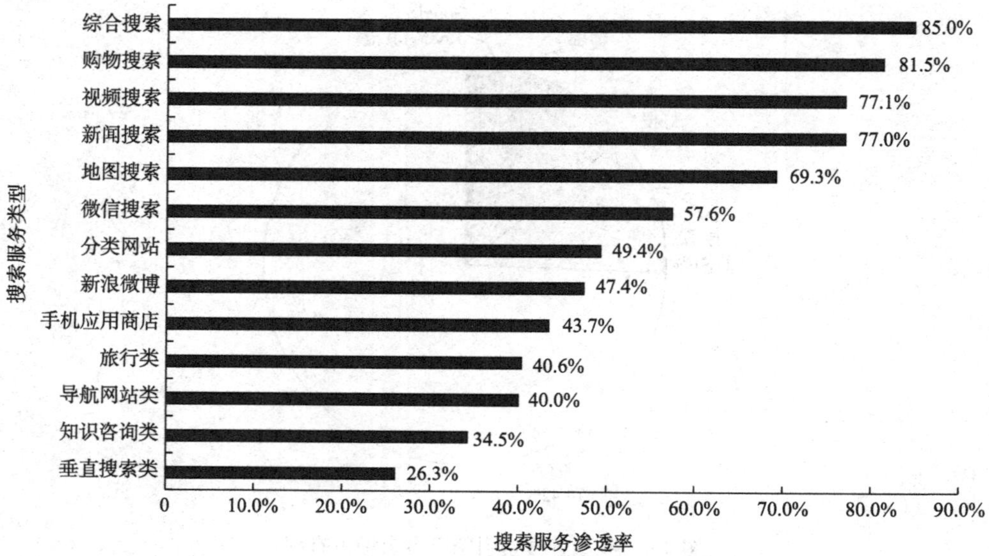

图 4-5　2016 年我国各类搜索服务渗透率

资料来源：中国互联网络信息中心《2016 年中国网民搜索行为调查报告》

（四）基于行业的搜索广告营销效果测评

不同的行业具有不同的特性，因此不同行业所设定的关键词类型存在明显差异（表 4-4）。营销人员要准确把握行业发展态势，深度洞察消费者对本行业的认知需求，使广告形式、广告内容匹配行业特质。360 营销研究院发布了基于 360 网站搜索的一系列关于化妆品、汽车、家电等行业的搜索研究报告，从行业搜索内容、搜索品牌、搜索人群等方面进行了详细的效果测评。以化妆品行业为例，产品和品牌是用户最为关注的内容，相关搜索占比达到 50.0%，其次是口碑评价和使用方法，其中面部护理产品的搜索比例最高，达到 61.2%。从国家和区域的角度来看，中国、美国、法国、韩国和日本这五个国家的化妆品品牌检索量较高，一、二线城市消费者多搜索彩妆信息，而华东、华南和华中地区的消费者更关注

① 中国互联网络信息中心. 2016 年中国网民搜索行为调查报告. http://www.cnnic.cn/hlwfzyj/hlwxzbg/ssbg/201801/P020180109484661983457.pdf，2018-06-04.

香氛产品[①]。

表 4-4 不同行业的检索关键词示例表

行业	主要检索内容
化妆品	品牌、产品、口碑评价、使用方法
奢侈品	品牌、产品
医疗	疾病和手术、医疗机构和服务、保健品/减肥、药品、医疗器械
美容整形	整形手术、解决方案咨询、症状、术前咨询、医院查询、价格、品牌
车险行业	品牌、行业通用词、车险计算、险种、口碑、理赔
汽车	品牌、产品、行业通用词、口碑、价格、营销活动
3C 行业	品牌、产品、平台、行业通用词、营销词（如报价、分期付款）、性能
家电	行业通用词、品牌、口碑、平台、性能、营销词
旅游	目的地、机票、预订平台和旅行社、酒店

资料来源：360 营销研究院

（五）基于搜索方式的搜索广告营销效果测评

目前为止，文本搜索依然是人们最主要的搜索方式，但是随着互联网新技术的发展，图像搜索、语音搜索等多种智能搜索方式逐渐被消费者接受。中国互联网络信息中心发布的《2016 年中国网民搜索行为调查报告》显示，超过一半的用户会通过二维码和条形码进行信息搜索，超过三成用户使用图像搜索和语音搜索[②]（图 4-6）。搜索方式多元化的趋势不仅在我国表现突出，在其他国家和地区也表现出较强的增长态势。在英国，75%的网络用户认为语音搜索功能增加了他们的搜索次数，超过 80%的英国网民认为语音搜索更加便利且速度更快[③]；在美国，苹果 Siri 成为仅次于 Google 的第二大移动搜索平台，13%的苹果手机用户会优先使用 Siri 进行信息搜索[④]；在亚太地区，三成左右的千禧一代和 Z 世代会频繁使用智能手机设备上的语音助手[⑤]。要想在搜索广告市场有效发挥作用，搜索

① 360：2016 年 Q2 化妆品行业搜索研究报告. http://www.199it.com/archives/518917.html，2016-09-21.

② 中国互联网络信息中心. 2016 年中国网民搜索行为调查报告. http://www.cnnic.cn/hlwfzyj/hlwxzbg/ssbg/201801/P020180109484661983457.pdf，2018-06-04.

③ 谷歌英国：近半数英国人认为语音搜索才是未来趋势. http://www.199it.com/archives/616702.html，2017-08-03.

④ Fivesight Research：2017 年 Q1 苹果 Siri 成仅次于谷歌的第二大移动搜索引擎. http://www.199it.com/archives/580272.html，2017-04-07.

⑤ GWI：1/3 北美 Z 世代智能手机用户经常使用语音助手. http://www.199it.com/archives/636979.html，2017-10-14.

引擎平台的经营者和企业营销人员都应该树立一个长远的战略规划，在夯实文本搜索功能的同时也要把握新的发展趋势，为搜索广告注入更多的技术元素，全面提升用户的搜索效率和搜索体验。

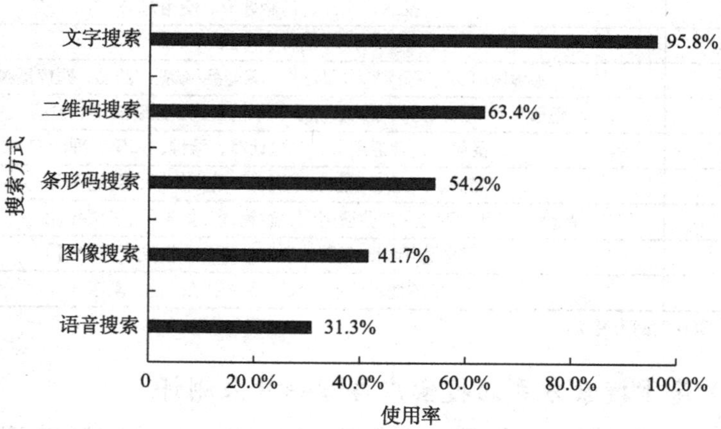

图 4-6　我国网民手机端搜索方式使用情况

资料来源：中国互联网络信息中心《2016 年中国网民搜索行为调查报告》

二、搜索广告效果测评案例分析

百度是我国最大的搜索引擎平台，由李彦宏于 2000 年创办。起初，百度只是为门户网站提供简单的搜索服务，2001 年下半年，凭借着对中国市场的了解，百度推出竞价排名服务，并由此开启了百度在互联网搜索市场上的霸主地位。2003 年第二季度，百度依靠竞价排名收入获得盈利[①]，2015 年，百度搜索服务收入高达 557 亿元，占百度年收入（663.82 亿元）的 83.91%[②]，竞价排名广告服务成为百度最主要的盈利模式。如今，百度覆盖了我国 95%的网民，每天会收到数十亿次的搜索请求，超过 70 万家企业使用百度推广工具实现商业目标。可以说，竞价排名成就了今天的百度巨头。

① 百度竞价排名的“罪与罚”. http://www.hqrw.com.cn/2016/0519/50703.shtml，2016-05-19.

② 刘夏. 频频“绊倒”百度仍难舍竞价排名. http://epaper.bjnews.com.cn/html/2016-05/04/content_633645.htm?div=-1，2016-05-04.

百度竞价排名现在多称作百度推广，是百度为客户提供的一种广告服务，即百度通过广告主购买的关键词和出价费用对广告信息进行排列，出价越高的广告在搜索结果页面的位置越靠前。目前，竞价排名广告一般采用按点击量付费的模式，因此只有当用户点击广告时，客户才需要对广告付费。一般而言，百度的搜索广告包含标题、描述和网址（显示 URL）三个部分（图 4-7）。

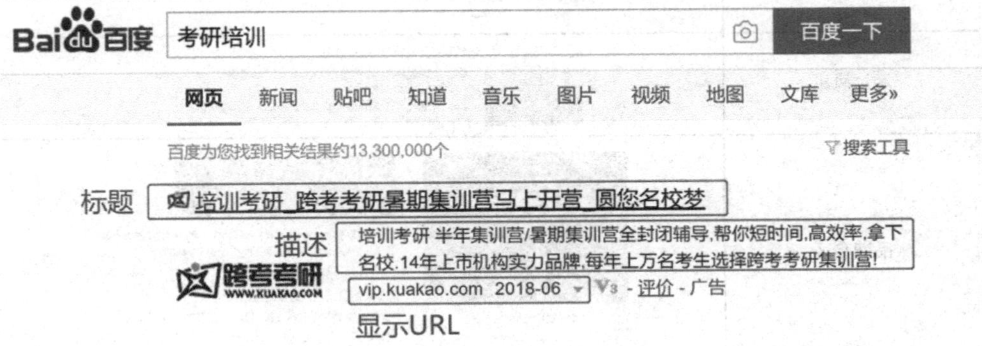

图 4-7　百度搜索广告基本形式

如表 4-5 所示，百度为客户提供多种搜索广告形式，如标准推广、图片凤巢、品牌专区、商业阿拉丁、闪投等。百度借助自己强大的产品优势为用户提供多场景服务，如视频场景爱奇艺、网络社群场景百度贴吧、生活服务场景百度糯米、地图导航场景百度地图等。为了帮助企业实现广告的精准投放，百度可以对搜索特定关键词的网民进行人群画像，通过浏览历史、访问记录、地理位置、用户兴趣、社交关系等多种方式定向推送广告。客户也可以根据自己的营销目标和广告预算灵活设置推广区域和推广时间。相对于 Google 以用户需求为核心的商业模式，百度竞价排名更注重广告客户的利益需求，只要企业有足够的经济实力就可以决定广告信息的排位，这也是百度竞价排名被大众广为诟病的主要原因。在遭遇了一系列因竞价排名广告导致的风波后，百度开始整改竞价排名机制。按照其目前官方网站的介绍，百度广告排名由质量度和出价共同决定：若关键词质量度相同，出价越高排名越高；若出价相同，关键词质量度越高则排名越高。同时，百度还对关键词质量度的含义进行了详细说明：质量度指网民对关键词以及关键词创意的认可程度，由点击率、相关性、文案创意水平、账户整体表现等多个因素决定[①]。

表 4-5　部分百度搜索广告类型示例

<table>
<tr><th>百度搜索广告类型</th><th>示例</th></tr>
<tr><td>标准推广</td><td>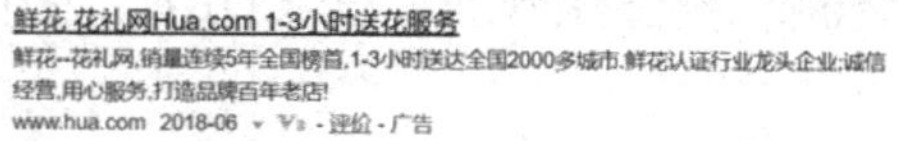
</td></tr>
<tr><td>图片凤巢</td><td>
</td></tr>
<tr><td>品牌专区</td><td>
</td></tr>
<tr><td>商业阿拉丁</td><td>
</td></tr>
<tr><td>闪投</td><td>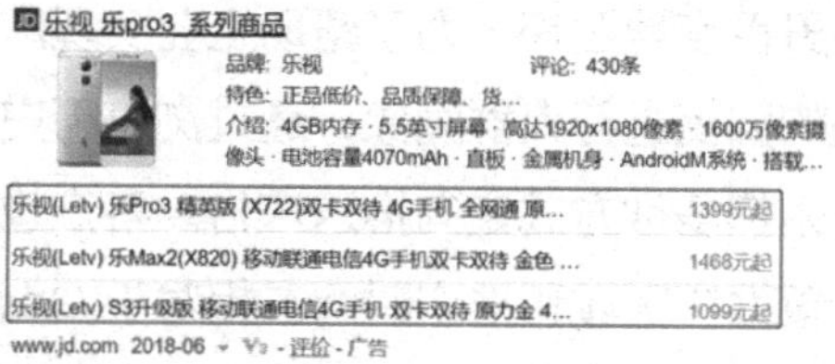
</td></tr>
</table>

与百度相对应，Google 是美国最大的搜索引擎应用平台，也是世界上使用最广的搜索引擎。Google Adwords 是 Google 推出的关键词竞价广告服务平台，2018 年 7 月 24 日起，Google AdWords 改为 Google Ads，提供包括搜索广告、

① http://e.baidu.com/help.

多媒体广告、影片广告等全系列广告活动类型服务[①]。在 Google Adwords 平台，客户投放搜索广告需要以下三个步骤：一是制作搜索广告，二是确定接触目标客户的关键字，三是制定搜索广告的每日预算[②]。当用户在 Google 搜索框中输入的字词与客户所设定的关键词相匹配时，客户的搜索广告便会出现在搜索结果页面，并且只有当用户点击广告时，广告主才需要付费。客户可以根据自己的需要划定宣传范围，既可以以实体店为中心小范围辐射潜在用户，也可以跨国、跨地区推广广告。另外，Google 有一套完整的广告排名制度，会对每一则参与竞价的广告进行排名，以此决定广告的显示位置。根据 Google 官网的介绍，影响广告排名的主要因素有广告出价、广告及着陆页的品质、广告评级门槛、用户搜索情境、广告附加信息和其他广告格式的预期影响[③]。客户可以随时登录 Google 账户查看搜索广告的投放情况。

（一）搜索广告助力清美教育品牌推广

清美教育是一家成立于 2006 年的培训机构，主要开设影视后期、游戏美工、UI 交互设计等专业的教育培训课程，在北京、太原、郑州等地设有校区。在教育培训行业竞争不断加剧的背景下，清美教育在招生人数和订单数量方面面临较大危机，为了尽可能以较低的费用成本截取客流，清美教育选择使用百度搜索广告进行品牌推广。清美教育选择以电脑端和手机端的百度搜索引擎为推广平台，以初中、高中、大学及中老年人为目标人群，围绕专业（如室内培训）来设置关键词，从价格、用户疑问、学校、地域等方面进行综合推广，每天 8：00~23：00 在山西省范围内进行投放。经过一个月的广告推广，清美教育搜索广告展示量达到 563 333 次，点击次数为 13 374 次，点击率为 2.37%，有效访问次数达到 13 400 次，每次点击费用为 3.96 元。

案例点评：

从场景的要素来看，清美教育的这次搜索广告推广活动在时间选择、空间

---

①Google AdWords 即将改为 Google Ads. https://support.google.com/adwords/answer/9028765?subid=tw-ww-et-bizsol&_ga=2.224324957.710689632.1531218534-1769021282.1526718983，2018-09-16.

② https://ads.google.com/intl/zh-TW_tw/home/campaigns/search-ads，2018-07-10.

③ 广告排名和广告评级简介. https://support.google.com/adwords/answer/1722122，2018-06-04.

选择和价值感知方面有较好表现。清美教育不是漫无边际地投放广告，而是以学校地址为中心进行广告辐射，有效提升了广告与网民的地域关联度和接近性；选择在 8：00~23：00 的工作时间进行广告推广，符合大部分网民的网络使用习惯，可以有效节省广告费用；以专业为核心设定关键词，能够最大限度地匹配广告内容与潜在目标客户的需求。但是，清美教育在目标人群的设置上过于宽泛，没有呈现出目标消费者的个性特征，如果能够通过用户年龄、学历、消费水平和兴趣爱好等个性标签定向投放广告，也许可以收获更意想不到的广告效果。

（二）开特电机优化账户结构，提高搜索广告展示量

开特电机有限公司是一家有二十多年电机生产经验的电子电工企业，位于河南省新乡市高新技术开发区，该公司生产的电机型号多达 100 多种，可为客户提供批量生产、售后管理等服务。随着重点推广关键词的价格不断提高，该公司面临较大的推广成本压力，为了提高投资回报率和销售额，开特电机通过添加电机型号长尾词、品牌词和地域词来优化账户结构，并在搜索广告文案中增设了“20 年生产经验”“价格优惠”“质保一年，免费调换”“厂家直销”等字眼，突出品牌和产品优势。为了在节省广告开支的同时达到更加精准的投放，开特电机压缩广告投放时间，在上午 10：30 以后和下午 2：30~4：30 进行广告投放，根据以往经验，由于周日转化率较高，所以在周日不设限，进行全天推广。在地域上，开特电机选择在江苏、浙江、广东和河北等省进行重点投放。账户调整后，开特电机的广告搜索排名逐渐稳定，日均展示量提升近一倍，达到 2 000 次/天，点击量提升 30%，转化率提升 10%。

案例点评：

从场景的视角来看，开特电机的本次搜索广告营销活动在时间、空间和价值感知层面有较好的把握，不盲投，选取重点时段和重点地域集中投放，有利于提高广告被用户搜索的命中率。在价值匹配层面，开特电机把与客户利益密切相关的字词凸显出来，有利于吸引潜在客户的关注，提高广告的点击率和转化率。如果开特电机能够增添消费者的行业标签，优化搜索广告的目标网站界面，也许能

够进一步提升搜索广告的营销效果。

（三）Dulux 借助 Google Adword 提升投资回报率①

Dulux（多乐士）是一家全球性建筑涂料品牌，在英国拥有 189 家装饰中心，并建设了丰富完善的购物网络系统，可以为消费者提供各式各样的产品选择。Dulux 发现，对于建筑用漆这类产品，专业人士更倾向于在线下商店而不是在线上购买，因此，Dulux 希望在 Google Adword 上投放搜索广告推动消费者走进 Dulux 实体店购买商品。Dulux 在 Google Adwords 获得线上商店的访问报告，然后根据用户的线上浏览和登录记录匹配目标消费者，通过这种方式，营销人员可以测量出用户搜索信息、点击广告和进入商店购买产品的时间。经过这次搜索广告营销，Dulux 收获了 9：1 的投资回报率，即每在 Google Adwords 投入 1 英镑，其线下实体店就会有 9 英镑的收入。图 4-8 为 Dulux 在 Google Adwords 投放的搜索广告。

图 4-8 Dulux 在 Google Adword 投放的搜索广告

---

① Search case study：Dulux proves AdWords ROI is 9：1. http://www.digitaltrainingacademy.com/casestudies/2018/03/search_case_study_dulux_proves_adwords_roi_is_91.php，2018-06-09.

案例点评：

从场景的视角来看，Dulux 的此次搜索广告营销活动对用户时间、用户空间和用户价值需求把握较好。Dulux 意识到自身产品的特殊性，了解到消费者更喜欢线下购买建筑用漆产品和工具，充分结合自身品牌全面的线上网络系统和数量众多的线下实体商店，通过线上商店访问报告获取目标客户，借助搜索广告引导消费者到线下实体店，连接线上与线下，打通了跨越时间和空间的用户行为。

三、搜索广告效果测评面临的难题

每个广告主都希望准确了解广告投放的实际效果，但是现实与理想总是存在差距，搜索广告营销效果反映在数字上的结果不太可能是真实的广告效果，对于企业而言最好的结果也不过是“接近真实”。接下来，笔者将简要说明搜索广告效果测评面临的难题，解决这些问题的关键在于网络技术的不断提升和相关从业人员行业道德水平的提高。

（一）关键词设置不准确形成无效曝光

搜索广告运作的核心是关键词的设置，关键词的选择不在于多和广，而在于“精准”二字。精准就是指当消费者搜索某一字词时，品牌广告不仅要出现在网民搜索结果页面，还要使广告内容与用户需求相匹配。很多广告主做到了第一点，即让消费者看到自己的广告，但是在第二点价值匹配上表现较弱。因此，如果搜索广告的关键词设置过于宽泛，也许可以达到较好的展示量，但是这样的搜索广告只能被消费者匆匆刷过，没有对消费者形成高价值的影响，对品牌营销也没有太大的指导作用。

（二）大量恶意点击形成数据泡沫

搜索广告按点击收费，即只展示不点击不收费，因此，广告的点击量越大，品牌所需支付的费用越多，搜索引擎平台的收益越高。正是如此，一部分搜索引擎公司为了提高收益会雇佣专人对出价较高的关键词广告进行频繁点击，给广告主形成广告效果良好的认知错觉。另外，除了搜索引擎公司会制造数据泡沫外，有时竞品企业为了提高竞争对手的广告推广成本，也会产生大量恶意点击。这样一来，广告主不仅加重了费用负担，也失去了从点击量上衡量广告效果的价值。

（三）用户闪退造成无效点击

点击量是搜索广告效果评估的一个关键指标，这里面通常包含了因网页加载速度过慢或者用户误点造成的闪退情况，由于消费者没有完整地浏览目标页面，因此这里的点击量只能部分说明关键词广告的标题适用性，无法全面证实广告效果。品牌若想测评出真正的广告投放效果，不仅要关注传统量化指标，还要从场景思维思考广告各项因素与消费者需求的价值匹配程度。

延展阅读

李莎. 2006. 搜索引擎及搜索引擎广告现状研究. 广告研究（理论版），(3)：44-49.

斯普林格 S，卡森 M. 2014. 数字化先锋：广告、营销、搜索和社交媒体领导者的成功案例. 徐梦蔚译. 北京：机械工业出版社.

王平. 2012. 信息网站搜索引擎广告效果评价. 首都经济贸易大学硕士学位论文.

Katsanevas J. 2016. 10 Visual Google Ads PPC reports you should use. https://www.ppchero.com/10-visual-adwords-reports-you-should-be-using/, 2018-06-09.

第五章 网络视频广告效果测评

近年来，消费者的注意力逐渐从传统的电视媒体转移到互联网媒体。网络视频广告具有内容丰富、形式多样的特点，容易感染和说服消费者，越来越受到广告主的重视。本章将对网络视频广告的概念和类型进行梳理，在传统网络视频广告效果测评指标的基础上注入场景思维，通过大量的研究数据和案例对网络视频广告营销效果进行解读，希望可以有一定的实践借鉴意义。

第一节 网络视频广告的概念及其类型

中国互联网络信息中心 2019 年 2 月发布的《第 43 次中国互联网络发展状况统计报告》的数据显示，截至 2018 年底，我国网络视频用户规模达到 6.12 亿个，比 2017 年增加 3 309 万个，占网民总体的 73.9%，其中手机网络视频用户规模达到 5.90 亿个，占手机网民的 72.2%。在网民最常使用的互联网应用中，网络视频类应用位列第四位，使用率为 73.9%。视频广告作为一种视听相结合的媒体形式，能够清晰直观地展示产品细节，充分调动用户的视觉和听觉器官，为消费者营造一种更真实的场景氛围，一直以来都是品牌方重要的推广方式之一。随着互联网技术的发展和移动智能设备的普及，视频广告的阵地逐渐从传统电视媒体延伸到手机、电脑等智能终端，视频广告成为一种重要的网络广告形式。

一、网络视频广告的概念

什么是网络视频广告？对此学界和业界尚无明确的定论，通常它是指在网络视频流前、后或中间播放的视频形式的广告，分别被称为前贴片广告、后贴片广告和插播广告。广义上它也包含网站上独立播放的广告视频，以及移动客户端应用中的视频信息流广告。张莹（2010）认为网络视频广告结合了传统网络广告和电视广告的双重优势，是由网络视频服务商提供网络平台，用数码技术将视频广告融入网络中，实现在线播出的视频广告形式。方迎丰等（2013）结合整合营销传播和“新新媒介”的观念，认为网络视频广告是“借助网络视频媒体的平台，运用视频制作技术，传播广告主或广告商品的相关信息，以达到影响消费者行为和心理，实现广告主传播目的的行为”。艾瑞咨询在《2018 年中国网络视频行业经营状况研究报告》中将网络视频广告定义为“指在网页、PC 客户端、移动 APP（智能手机、平板电脑等）等网络视频服务提供商各个渠道投放的有偿商业广告”①。

富媒体的发展推动了视频网站的迅速崛起。2004 年底，乐视作为我国第一家专业视频网站正式上线，拉开了我国视频网站行业大发展的序幕。此后，土豆网、56 网、PPTV、优酷网等相继崛起，视频网站的发展进入黄金时代。定位于视频分享服务的国外视频网站 YouTube 也是在同一时期（2005 年）成立的。近几年，爱奇艺、腾讯视频、芒果 TV 等后起之秀不断吞噬老牌视频网站的市场份额，视频网站行业竞争更加激烈。

总体而言，网络视频广告属于富媒体广告，是一种以互联网为传播渠道，集合了声音、文字、图片、动画、视频等多种媒体形式的营销传播手段，具有较强的创意性和互动性。与文字链接广告相比，网络视频广告可以使用户产生更强的情感体验，能够在休闲放松的场景氛围下对消费者进行短时间的信息输入。文字和视频的区别见表 5-1。

① 艾瑞咨询：2018 年中国网络视频行业经营状况研究报告. http://www.199it.com/archives/728128.html，2018-05-25.

表 5-1 文字和视频特性对比表

文本形式	文字	视频
编码过程	复杂	简单
调用感官	视觉	视觉、听觉
进度状态	主动控制性强（可全文检索）	主动控制性弱（可目录检索）
思考介入	强	弱
情感介入	弱	强
记忆留存	长	短
场景属性	学习场景	娱乐场景
价值取向	深化思考	休闲放松

二、网络视频广告的类型

庞大的网民群体和高速发展的视频网站为网络视频广告的发展创造了良好的环境，网络技术的更新升级也为网络视频广告开拓了更大的创意空间和实现可能。网络视频广告表现形式多种多样，艾瑞咨询在《2018 年中国网络视频行业经营状况研究报告》中，将网络商业广告划分为视频播放贴片广告（流媒体视频广告）、信息流广告和暂停广告三大类。下面将从不同角度对网络视频广告的主要类型做简要介绍。

（一）按照广告的播放位置划分

网络视频广告一般与网站视频内容（如电视剧、电影、网络综艺节目）等伴随出现，为了帮助视频网站提高网络视频广告商业化营收，规范管理网络视频广告的播放程序，美国互动广告局（Interactive Advertising Bureau，IAB）提出 VAST（video AD serving template）协议，按照网络视频广告的播放位置提出线性广告（linear AD）、非线性广告（nonlinear AD）、伴随性广告（companion AD）、广告荚（AD pod）的概念①（图 5-1）。

① VAST 3.0 视频广告规范介绍. http://leotse90.com/2016/01/29/VAST3.0/，2016-01-29；VAST3.0 视频广告投放规范. http://www.cnblogs.com/fuland/p/4421122.html，2014-02-15.

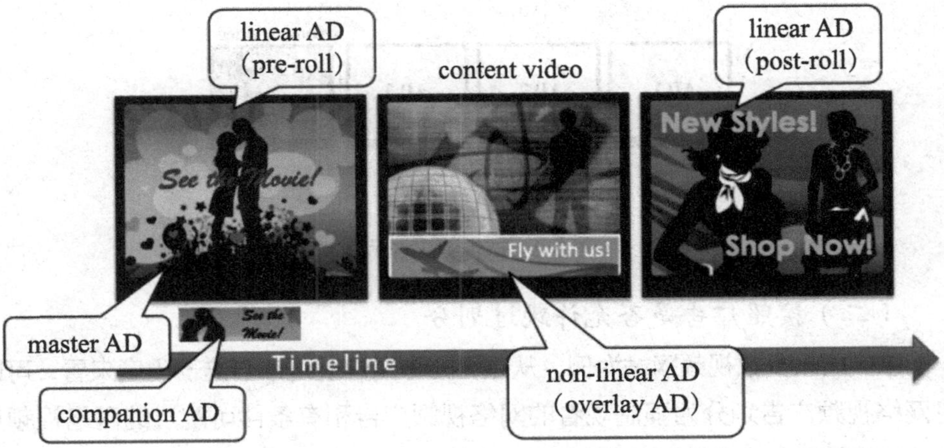

图 5-1 网络视频广告示例

master AD 可理解为主广告，一个视频广告系列通常包含流内广告（in-stream AD）和一个或多个伴随广告，其中流内广告（in-stream AD）部分被称为主广告

线性广告是指出现在视频节目播放前后或节目播放期间的一种广告形式。如用户在网上观看一部电影时，出现在电影前的一段广告称为前置式广告（pre-roll），强制插播在电影节目中间的广告即为间隙式广告（mid-roll），在电影播放完毕后出现的广告叫作后置式广告（post-roll）。

不同于线性广告依据网络视频播放时间位序进行分类，非线性广告表达的是一种网络视频广告与视频节目内容的屏幕位置关系。最常见的非线性广告是叠加式广告（overlay AD），通常与视频节目内容同时出现，以文本、动画、图像等形式覆盖在视频播放器顶部或者底部五分之一的面积。

伴随广告相对于叠加式广告，出现在视频播放器之外，常以横幅等形式与视频节目内容伴随出现。一般而言，伴随广告比叠加式广告停留的时间更久。

广告荚又可以称为广告组，包含多个线性广告。目前，我国各大视频网站节目之前的视频广告大多采用这种形式，即在 30 秒或者更长的时间内轮番播放多个广告（图 5-2）。

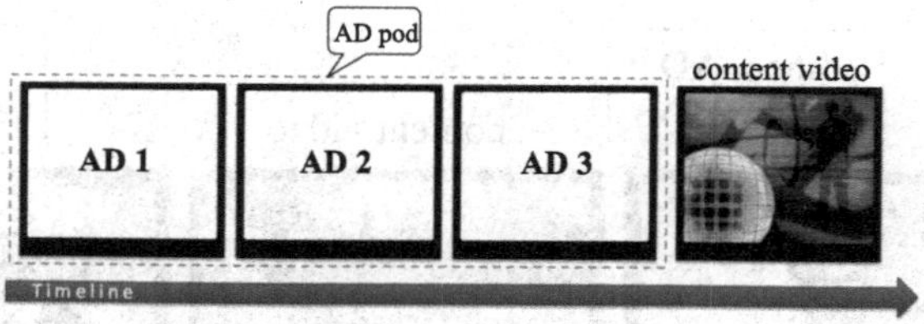

图 5-2 广告荚广告示例

（二）按照广告是否允许跳过划分

以中国大多数视频网站为例，从是否允许用户跳过广告这一角度来看，可以将网络视频广告划分为强制观看的网络视频广告和有条件可跳过的网络视频广告，这里的条件大多为开通视频网站会员或者在观看一段时间后选择性跳过广告（如观看 15 秒后用户可免费跳过广告）。

在视频网站发展的初始阶段，由于宽带网速的限制，视频内容往往需要较长的缓冲时间，前置式广告在为网站和品牌方赢得收益的同时可以为消费者带来更流畅的观影体验。但是，随着互联网技术的发展和网速的提升，视频节目缓冲时间急速下降，这时网络视频广告就在一定程度上增加了用户观看视频节目的时间成本。为了营造更舒适的观看场景，很多视频网站都设置了基于一定条件“跳过广告”的功能。农夫山泉曾在 2016 年投放了一则用户可在观看 5 秒后无条件免费关闭的广告，将广告的播放权利交到用户手中，成为当年最另类的广告主（图 5-3）。

图 5-3 农夫山泉免费关闭视频广告

（三）按照视频广告表现形式划分

富媒体的发展为网络视频广告的表现形式提供了更多选择。按照视频广告的表现形式可以将网络视频广告划分为影视类视频广告、动画类视频广告、真人动画混合类视频广告。

影视类视频广告是一种以现实场景为广告环境，以真人演员（大多数为名人明星）表演为基础的广告形式，这一类广告通常借广告人物来阐述品牌优势和产品特色。动画类视频广告是一种以 Flash、3D 动画技术为基础，通过卡通动画手段来表现广告创意的视频广告形式。真人动画混合类视频广告是指在视频广告中将真实场景、演员模特、卡通动画等元素混合使用的一种视频广告形式，如图 5-4 所示，为步步高真人动画混合视频广告。

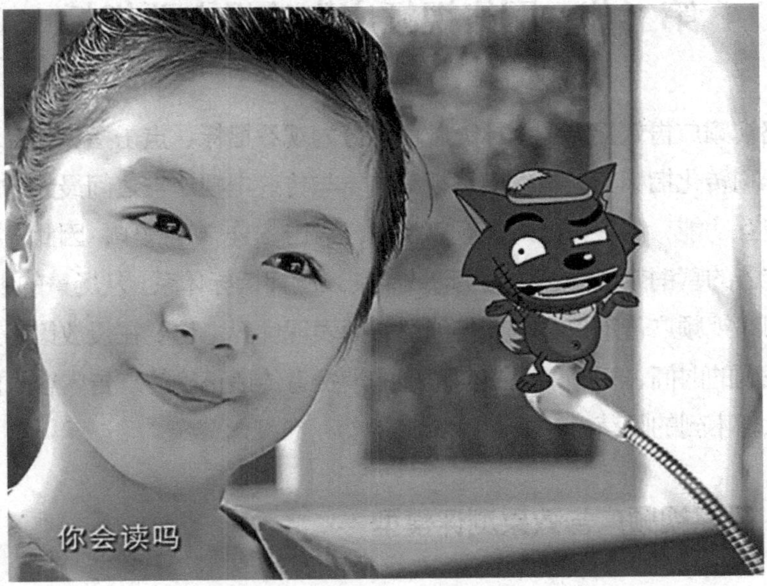

图 5-4　步步高真人动画混合视频广告

（四）按照广告植入形式划分

按照广告植入的形式可以将网络视频广告划分为影视内容植入广告、创意中插、“创可贴”广告等类型。

媒介环境日趋复杂，消费者对广告的抵触心理不断增强，企业意识到一味地在网络视频广告中输出产品信息并不能引起消费者的关注和信任。植入式视频广告可以帮助品牌将其产品或服务自然融入影视作品中，使消费者在收看节目的同时不由自主地关注到品牌信息，因此，植入式视频广告又可称为隐性视频广告或者软性视频广告。影视内容植入广告是指将品牌广告以环境背景或者人物对话形式露出的视频广告形式。创意中插是指以影视剧的场景为依托，以影视剧中的角色为广告人物，将影视剧剧情与品牌产品信息相结合来表现广告创意的一种视频广告形式，通常在影视剧播放期间进行插播。“创可贴”广告是指在视频节目播放的过程中，利用 Video in 技术在与品牌属性最契合的影视场景中弹出的一种“视频横幅”，具有即时性的特点。

第二节　网络视频广告效果主要指标

网络视频广告效果测评指标大致可以分为观看指标、点击指标、互动指标、覆盖指标和转化指标五大类。网络视频广告与传统电视广告之间最大的差异在于增加了交互功能，用户可以对视频广告进行点击、分享等操作，因此，在评估网络视频广告的营销效果时，要将互动效果纳入测评指标体系。从场景的视角来看，杰出的网络视频广告不仅要在广告创意方面表现优异，也要在投放策略上有所考究，在正确的时间、正确的渠道向正确的消费者传递正确的广告内容，能够让广告主有意想不到的收获。

一、网络视频广告效果测评模型

网络视频广告丰富的创意表现力和广泛的范围覆盖率为营销人员提供了多样化的品牌展示思路，相对于传统电视广告而言，网络视频广告突破了单向信息传输的局限，是一种可交互的网络广告形式，用户可以对网络视频广告进行点击和分享，也可以通过网络视频广告链接到产品购买页面。因此，网络视频广告的效果测评指标在沿袭了个别传统电视广告测评指标的基础上，增加了更多新的指标内容，如点击率、互动率等。目前，学界和业界还没有形成统一完整的网络视频广告效果测评体系，根据 CMO Council 发布的《2018 年网络视频广告调查报告》，美国营销人员更加看重网络视频广告对品牌知名度的提升效果，点击率、社交分享频率、观后互动率、展示量、完整观看率是他们衡量网络视频广告是否成功的主要指标，只有不到 1/3 的营销人员会将销售转化作为评判网络视频广告是否有效的关键指标①。如今，互联网重新组合了人们的交往环境和社会场景，场景成为链接品牌与用户的重要方式，也为网络视频广告效果提出了新的测评方向：企业在对用户场景深度挖掘和广泛应用的同时，也可以从时、空、人、物、价值等角度对网络视频广告进行效果评估（表 5-2）。

表 5-2　场景视角下网络视频广告营销效果测评模型

场景要素	测评方向	对应的效果评测指标举例
时	视频播放时间、视频播放时长、用户观看时间	广告播放的时间
空	用户位置、视频位置	用户所在位置、视频播放平台、视频在屏幕上的占位
人	用户属性、用户习惯	用户的人口统计特征、用户使用视频网站的习惯
物	视频内容、广告创意	产品（品牌）属性、视频广告的内容和形式
价值	用户价值、产品（品牌）价值 视频广告价值	用户价值观、 产品（品牌）价值、 视频广告内容价值
要素关系	场景要素之间的关系	以上指标间的匹配程度

从时间要素来看，网络视频广告需要测评的内容包括视频播放时间与目标消费者使用视频网站时间的重合度，以及网络视频广告的播放时长等。过短的网络视频广告无法在消费者心智中留下印象，过长的网络视频广告又极易引起消费者的厌烦情绪，因此，企业要尽力在保证消费者视频观感体验的基础上确定合适的广告时长。空间要素主要测评的内容大致可分为两个方面：一是网络视频广告播

① CMO Council：2018 年网络视频广告调查报告. http://www.199it.com/archives/718482.html，2018-05-16.

放的平台是否与目标用户的媒介使用习惯相匹配，二是网络视频广告在屏幕上的占位（尺寸大小、播放位置）是否可以达到效果最大化。就中国市场而言，除了爱奇艺、腾讯视频、优酷这三个市场份额较大的视频网站外，搜狐视频、芒果TV、暴风影音等也都凭借各自的网站特色分割了一部分网络视频用户。不言而喻，在目标消费者最集中的地方投放品牌视频广告能够实现利益最大化，但是企业也要根据品牌的营销目标在广泛覆盖目标人群和准确覆盖目标人群之间选择最合适的播放平台。人和物是场景的基本要素，人是场景的主体，物是营造场景的组合元素，在网络视频广告中分别指向网络视频用户和网络视频广告所涉及的品牌、产品、创意等内容。价值要素贯穿网络视频广告效果测评的始终，是判断某一网络视频广告对消费者是否“有效”以及“有效程度”的关键指标。这里的“有效”是一个泛化的概念，指消费者因网络视频广告形成的一系列对品牌、产品或服务所有的积极认知、态度和行为。

二、网络视频广告效果测评指标

播放量与观看次数紧密相关，是判断和衡量一则网络视频是否受欢迎的重要参考指标。2018年9月3日，视频网站爱奇艺在其官方微博发布声明称要“告别唯流量时代”，“关闭显示全站前台播放量数据，以综合用户讨论度、互动量、多维度播放类指标的内容热度，在各端逐步代替原有播放量显示”。图5-5为爱奇艺网站视频广告。因播放量所衍生出来的网络视频“唯流量”评价体系关系到视频网站平台、广告方、影视制作方等多方利益，更是催生了刷流量公司等灰色产业，给真实的网络视频传播效果测评带来了极大阻碍。爱奇艺作为第一个“吃螃蟹”的视频网站，举起了反对“唯流量”的大旗，值得鼓励和肯定，但是新指标是否公平科学，仍然需要进一步的观察和商榷。接下来，笔者依旧从传统网络视频广告效果测评的角度对各个指标进行解读，期待在不久的将来搭建出一个科学合理、多元综合的网络视频广告评估体系。

图 5-5 爱奇艺网站视频广告

爱奇艺关闭前台播放量，以“热度”代之，但仍保留了“顶”和“踩”用户互动行为数据；此图截取时间为 2018 年 9 月 9 日

主要网络视频广告测评指标分类如表 5-3 所示。

表 5-3 主要网络视频广告测评指标分类

指标分类	测评指标
观看指标	展示次数
	观看次数
	观看率
	平均观看时长
	平均每次观看费用
	四分报告
点击指标	点击次数
	点击率
互动指标	互动率
	额外互动次数
覆盖指标	唯一身份 Cookie 数
	按 Cookie 计算的唯一观看者数量
	每个 Cookie 平均展示频次
	每个 Cookie 平均观看频次
转化指标	转化率
	显示后访问

1. 展示次数

展示次数是指在某一时间段内，网络视频广告以缩略图等形式出现在网页上的总次数。相对于其他互联网广告，视频广告容量大，加载时间较长，因此常以缩略图的形式出现在用户界面，用户可以根据需要设置自动播放或者点击播放。从场景的视角来看，展示关联到网络视频广告的内容主题和投放平台，是最初级的广告营销目的，也是推动实现其他广告效果的基础环节。企业要提高视频缩略图的创意和质量、撰写有趣的广告文案、选择目标消费者经常浏览的网站，这不仅有助于提高网络视频广告的展示量，对提高观看率和转化率也会有所帮助。

2. 观看次数

观看次数是指某一时间段内用户观看特定网络视频广告的总数。不同的视频网站对“观看”划定了不同的衡量标准，以 YouTube 为例，当网络视频广告播放时间超过 11 秒时才会计入观看次数。

3. 观看率

观看率是指在某一时间段内，特定网络视频广告的观看次数与展示次数之间的比率，即观看率=观看次数/展示次数×100%。

4. 平均观看时长

平均观看时长是指互联网用户观看某一网络视频广告的平均时间长度，是衡量消费者对网络视频广告内容关注度和兴趣度的重要指标。从场景的视角来看，影响用户观看时长的因素一方面是广告创意，一方面是广告所涉及的品牌/产品对消费者是否有用。好的创意能够激发用户的观看兴趣，而有价值的广告内容能够满足用户需求，是延长用户观看时长的关键。

5. 平均每次观看费用

平均每次观看费用是以观看次数为基础的定价模式，广告主需要为每一个被用户观看过的网络视频广告付费，即平均每次观看费用=总费用/观看次数。

6. 四分报告

四分报告是 YouTube 提出的一种以网络视频广告播放时长为基准来衡量观看率的方法，其具体操作步骤：按照用户观看网络视频广告的时间长度，将网络视频广告的播放进度划分为 25%、50%、75%和 100%四个等级，分别计算出每个等级的观看率。从场景的视角来看，四分报告是从时间维度对网络视频广告效果进行衡量，用户观看网络视频广告的时间越长，说明网络视频广告的内容越有吸引力。

7. 点击次数

点击次数是指在某一时间段内特定网络视频广告被用户点击的总次数。点击可以理解为用户对网络视频广告的一种反馈行为，品牌可以借点击将消费者引导到目标网站（如官网、购买页面等）。从场景的视角来看，点击次数反映了广告内容与用户需求之间的匹配程度，可以帮助营销人员了解网络视频广告对消费者的吸引力。

8. 点击率

点击率是另外一个重要的点击指标，指的是某网络视频广告被用户点击的次数与广告展示次数之间的比率，即点击率=点击次数/展示次数×100%。

9. 互动率

互动率指的是用户与网络视频广告互动的次数和广告展示次数之间的比率，即互动率=互动次数/展示次数×100%。如今，很多网络视频广告在影像展示功能之外，还增设了交互功能，如用户可以点击、拖动视频中某一元素参与小游戏或者填写相关信息生成个性化页面等，但是这些交互行为不会将用户链接到外部网站。从场景的视角来看，互动率更多体现了消费者对物（广告内容）的价值判断，互动率越高，说明网络视频广告对用户的吸引力越大。

10. 额外互动次数

额外互动次数是指用户针对整个网络广告视频所采取的一系列互动次数，如点赞、收藏、评论、分享、下载等。这些额外互动通常是用户的自发行为，需要花费消费者一定的时间和精力，因此，额外互动次数反映了更深层次的广告效果。从场景的视角来看，额外互动是用户对网络视频广告的一种价值判断，深度挖掘消费者需求、增强网络视频广告的表现力可以帮助品牌提高网络视频广告的额外互动次数。

11. 唯一身份 Cookie 数

唯一身份 Cookie 数是指个人网络设备中所储存的 Cookie 数量。Cookie

可以简单理解为每个人的互联网虚拟身份证，可以用于身份验证。更重要的是，Cookie 是根据用户网络使用行为产生的“网络记忆”，记录了一段时间内用户的浏览位置、访问时间和其他信息，企业可以利用这些信息进行用户跟踪，了解用户的网络使用习惯进而提供个性化的营销服务。从场景的视角来看，唯一身份 Cookie 数这一指标是对人（消费者）的测评，对消费者信息掌握得越全面，越能够深度洞察用户需求，从而使网络视频广告的内容更加贴合消费者利益点。

12. 按 Cookie 计算的唯一观看者数量

按 Cookie 计算的唯一观看者数量是指在某一时间段内，网络视频广告获得唯一身份 Cookie 用户观看的总次数。

13. 每个 Cookie 平均展示频次

每个 Cookie 平均展示频次是指在某一时间段内，网络视频广告出现在唯一身份 Cookie 用户面前的平均次数，即每个 Cookie 平均展示频次=展示次数/唯一身份 Cookie 总数。

14. 每个 Cookie 平均观看频次

每个 Cookie 平均观看频次是指在某一时间段内，网络视频广告被唯一身份 Cookie 用户观看的平均次数，即每个 Cookie 平均观看频次=观看次数/唯一身份 Cookie 总数。

15. 转化率

转化率是指用户因网络视频广告所产生的行为转化次数与视频广告展示次数之间的比率，即转化率=转化次数/展示次数×100%。除了绝大多数企业常用的消费者购买转化率指标，注册、订阅、咨询等也是极为重要的转化行为指标。另外，企业也应该留意退订、投诉等负面转化信息。

16. 显示后访问

显示后访问是消费者在观看某一网络视频广告后，主动查询、访问广告主品牌网站的行为。从场景的时间维度来看，展示次数、观看次数、点击率是即时性的网络视频广告效果测评指标，显示后访问是一项延时性的营销效果评估指标。此外，显示后访问最能够体现网络视频广告对用户的利益价值，是消费者在经过时间沉淀和充分的价值判断后的行为选择。

第三节 网络视频广告效果测评及其面临的难题

网络视频广告作为广告主常用的一种网络营销手段，具有表现力丰富、互动性强的特点，同时，互联网平台的开放性也为网络视频广告的跨时空传播提供了条件。网络视频广告形式多样，目前还未形成统一完善的效果评估体系。目前，网络视频广告营销活动的效果评估处于零散指标拼凑和任意组合的状态。视频制作人 Dillon Becker 预测，“在 2018 年，短视频移动广告、个性化视频广告、UGC 视频广告、VR 广告将成为新的发展趋势”①，这给网络视频广告的效果测评带来了更大的挑战。

一、网络视频广告效果测评

中国网络视频行业进入快速发展阶段，艾瑞咨询发布的《2018 年中国网络视频行业经营状况研究报告》显示，“2017 年，我国网络视频行业收入规模超过 950 亿元，网络视频广告市场规模接近 500 亿元，近 5 年的年均增长率保持在 40%以上”②，这从侧面反映出网络视频广告对于品牌营销的重要性以及营销人员对网络视频营销的重视程度。对于广告主而言，他们希望品牌的广告投入可以得到直观可视的营销效果，不同维度的效果测评指标可以帮助营销人员更全面地认识网络视频广告的营销效果。

（一）基于设备的网络视频广告营销效果测评

随着移动智能手机的广泛普及和网络条件的改善，用户在移动端设备上观看视频的时间越来越多，这使得移动视频广告逐渐成为网络广告的新宠。根据

① 5 video advertising trends to watch in 2018. https://blog.fyber.com/5-video-advertising-trends-to-watch-in-2018/，2018-01-17.

② 艾瑞咨询：2018 年中国网络视频行业经营状况研究报告. http://www.199it.com/archives/728128.html，2018-05-25.

Zenith Media 的研究数据报告，2018 年全球移动视频广告支出将超过非移动设备的视频广告支出，预计达到 180 亿美元①。就亚太地区而言，亚太地区的广告主对移动视频广告的投入增长了 116%，其中，中国对移动视频广告的投入同比增长 41%，成为全球第二大移动视频广告消费市场②。但是 eMarketer 的一组关于亚太地区视频广告营销效果的调查数据显示，移动端的视频广告效果并未像广告投入那般获得可喜的增长，在各效果指标上仍旧不敌电脑桌面端的营销效果，特别是在观看时间、播放观看率、完成率、完成质量率等指标上，电脑桌面端的效果明显优于移动端，见表 5-4。就移动端而言，除了在屏率、完全在屏率、1 秒完全在屏率三项指标有小幅度增长外，其他指标相对于 2016 年均有所下降，播放观看率减少近 10 个百分点。在 2017 年第四季度，在屏率、5 秒观看率、完全在屏率、1 秒完全在屏率等这些在 2016 年移动端表现较好的指标都被电脑端反超，可以看出，电脑端在网络视频广告营销方面仍旧具有旺盛的生命力。

表 5-4 亚太地区视频广告营销效果调查结果

指标	电脑端		移动端	
	2016 年	2017 年	2016 年	2017 年
在屏率	56.30%	74.30%	65.60%	69.90%
1 秒观看率	50.20%	63.60%	58.60%	54.80%
2 秒观看率	47.30%	57.40%	52.90%	47.70%
3 秒观看率	45.00%	54.00%	47.90%	42.80%
5 秒观看率	41.90%	49.10%	43.20%	37.40%
完全在屏率（无最低时间）	46.70%	61.60%	55.40%	59.40%
1 秒完全在屏率	42.80%	54.70%	48.40%	49.80%
3 秒完全在屏率	38.20%	47.60%	38.10%	37.60%
观看时间/秒	18.5	15.98	13.9	12.59
播放观看率	76.10%	70.90%	66.40%	56.80%

① Zenith Media：预计 2018 年全球移动视频广告支出将达 180 亿美元. http://www.199it.com/archives/617035.html，2017-07-26.

② InMobi：2017 上半年中国移动视频广告白皮书. http://www.199it.com/archives/647884.html，2017-10-31.

续表

指标	电脑端		移动端	
	2016 年	2017 年	2016 年	2017 年
完成率	61.80%	57.40%	45.10%	40.00%
可视听完成率	19.10%	23.60%	17.70%	12.90%
完成质量率	28.60%	32.10%	26.60%	25.60%

注：该表格数据均为 2016 年和 2017 年第四季度的调查统计数据

除了电脑和智能手机网络接口，平板电脑也占据了网络视频广告市场的半壁江山，并且在推动消费者行为转化方面表现优异。IAB 曾与 Millward Brown Digital、Tremor Video 合作对多终端屏幕的用户进行调查①，他们发现：相对于移动智能手机，平板电脑更能够激发用户的分享、点击等行为（图 5-6）。究其原因，平板电脑和智能手机一样都是移动智能设备，具有携带方便的优势，但是平板电脑屏幕较大，各种按钮设置更加醒目，为用户的转化行为提供了便利的使用场景。

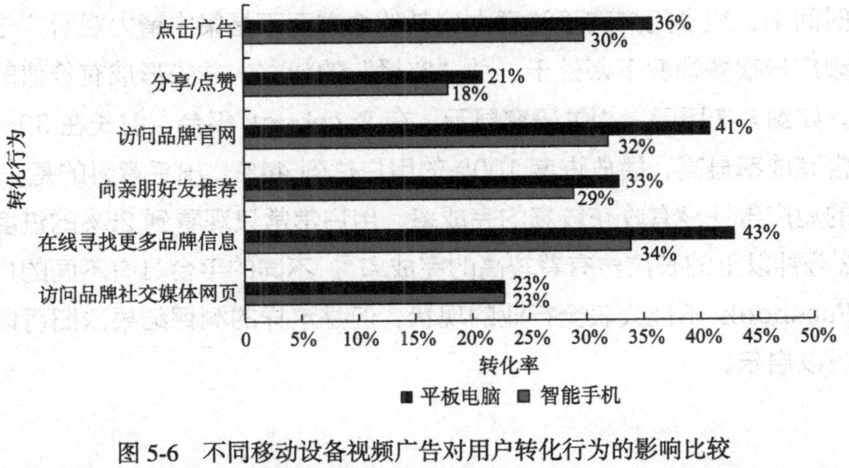

图 5-6 不同移动设备视频广告对用户转化行为的影响比较

资料来源：IAB：移动设备视频广告对多屏幕用户影响调查（附报告）. http://www.199it.com/archives/494226.html，2016-07-14

① IAB：移动设备视频广告对多屏幕用户影响调查（附报告）. http://www.199it.com/archives/494226.html，2016-07-14.

（二）基于用户体验的网络视频广告营销效果测评

用户是网络视频广告的观看者，广告主投放网络视频广告首先要了解消费者对网络视频广告的态度。根据艾瑞咨询发布的《2018 年中国网络视频行业经营状况研究报告》，我国用户对网络视频广告的态度整体上较为积极，绝大多数的网络视频用户认为观看网络视频广告是免费享受网络视频服务的前提，广告是网络视频的收入来源，能够确保我享受相应的服务，超过 60%的用户可以接受高质量的网络视频广告[①]。该报告指出，有超过七成的网络视频用户为了跳过广告会购买视频网站的 VIP 服务，这为投放网络视频广告的广告主制造了压力。Penthera 进行的一项调查显示，49.9%的网络视频用户表示无聊的视频广告会影响他们的收视体验，让他们感到沮丧和烦躁。因此，品牌需要采用优质的画面效果启动广告，并为网络视频广告内容注入更多的创意元素。

除了广告创意，广告时长也是影响用户体验的一大因素。动辄 60 秒甚至 120 秒的网络视频广告增加了人们观看视频内容的时间成本，在这段漫长的广告时间中，很多用户转移注意力到其他地方而不是集中精力观看广告，网络视频广告很多情况下都处于一种“空播”的状态，并未形成有价值的广告效果。如图 5-7 所示，相关研究显示，在 Facebook 平台，时长在 30~60 秒的广告完成率最高，播放进度 100%的用户达到 44%。出乎意料的是，30 秒以下的短广告并没有收获较高的完成率，用户常常只观看到 25%的进度；相反，2 分钟以上的长广告有着较高的完成率[②]。不同的平台具有不同的广告表现，Facebook 不能代表全行业的现状，但是这样的测评结果依旧可以给营销人员以启示。

---

① 艾瑞咨询：2018 年中国网络视频行业经营状况研究报告. http://www.199it.com/archives/728128.html，2018-05-25.

② What video ad length is best on Facebook? https://www.emarketer.com/Article/What-Video-Ad-Length-Best-on-Facebook/1014438，2016-09-06.

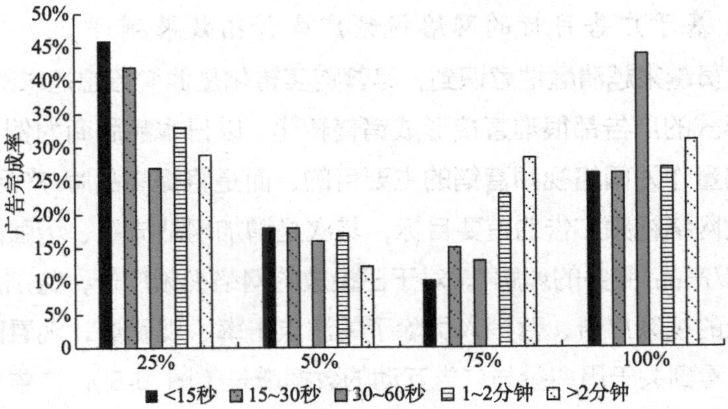

图 5-7 Facebook 平台不同时长视频广告的播放进度效果测评

（三）基于视频尺寸的网络视频广告营销效果测评

广告尺寸是影响用户观看体验的一大要素。按照常识逻辑来讲，大尺寸的视频广告画质清晰，占屏较大，更有可能引起消费者的兴趣和注意力；小尺寸的视频广告往往会压缩画质，一般出现在屏幕的角落位置，容易被用户直接跳过或者忽略。如表 5-5 所示，eMarketer 的一项研究显示了数字视频广告效果与广告尺寸之间的规律性关系：尺寸越大的视频广告完成率越高，特大尺寸的视频广告完成率高达 93.0%，比最小尺寸的视频广告完成率高出近 30 个百分点①。同样，大尺寸的视频广告在点击率指标上也比小尺寸的视频广告表现更好。因此，对于企业而言，在预算充足的情况下，制作和投放大尺寸的网络视频广告能够收获更为理想的广告效果。

表 5-5 不同尺寸视频广告的表现效果

广告尺寸	完成率	点击率
极小尺寸（<300 像素）	66.0%	0.4%
小尺寸（300~399 像素）	78.0%	0.2%
中等尺寸（400~599 像素）	85.0%	0.9%
大尺寸（600~799 像素）	85.0%	1.0%
特大尺寸（≥800 像素）	93.0%	0.9%

① eMarketer：网络视频广告尺寸影响表现. http://www.199it.com/archives/153524.html，2013-09-23.

（四）基于广告目标的网络视频广告营销效果测评

营销人员越来越清醒地意识到，尽管购买转化是他们最想追求的营销目标，但是任何形式的广告都很难直接形成销售转化。以日本品牌商为例，他们不再把提高销售量作为网络视频营销的主要目的，而是将提高品牌/产品/服务知名度作为投放网络视频广告的首要目标，其次是增加网站流量、增强品牌回忆和增进对品牌/产品/服务的理解[①]。对于已投放的网络视频广告，特别是那些社交媒体平台上的视频广告，营销人员除了关注点击率、观看量、观看时长等指标外，还希望看到关于用户参与广告互动的数据增长（图 5-8）。广告目标是营销活动的起点，广告效果是广告目标的实现程度。企业在对自身品牌和产品有一个明确认知的前提下，树立一个合适的营销目标能够对广告效果测评起到一定的标杆作用。

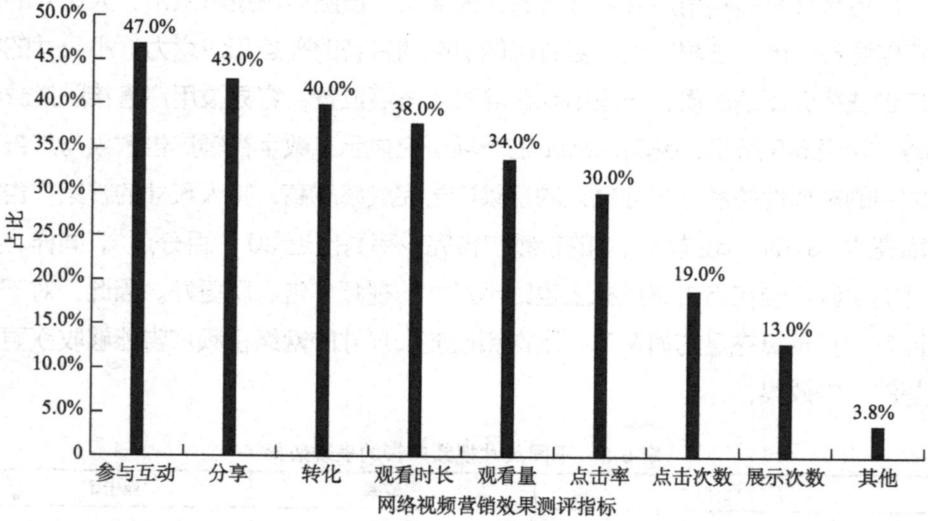

图 5-8 美国营销人员对社交平台网络视频广告营销效果测评指标的选择

资料来源：Mixpo：2015 年 Facebook 视频广告使用率将超过 YouTube 达到 87.0%. http://www.199it.com/archives/342182.html，2015-05-04

① CyberAgent：只有 37.8%日本广告商使用网络视频广告. http://www.199it.com/archives/409222.html，2015-11-25.

二、网络视频广告效果测评案例分析——以 HoneyMaid 视频广告为例

对于所有的营销人员来说，决定视频广告的投放时长与构思视频广告的内容创意一样艰难。广告时长一方面关系到企业的营销成本，另一方面关系到用户对品牌的认知和体验。很多营销人员都备受困惑：究竟是快速简洁的短广告更具吸引力还是情节完整的长广告更能引起受众共鸣。诚然，对于不同的产品类别和不同的目标客户应该采取不同的广告时长策略，但是 Google 依旧认为可以根据网络视频长短总结出一些具有规律性的结果，以此指导品牌进行有效的广告投放。

Google 联合 Mondelez International 进行了一项关于不同广告时长视频广告营销效果的测试，被试广告为全麦饼干品牌 HoneyMaid 的一则商业广告，该广告以一个多米尼加的移民家庭为主角，通过一系列生活场景讲述了他们眼中的美国（图 5-9）。研究人员将这则广告剪辑成 15 秒、30 秒和 2 分 17 秒三个不同的版本，使用 YouTube 可跳过的前置广告形式进行投放，在 2015 年全国西班牙裔传统月（National Hispanic Heritage Month）进行测试。

图 5-9 HoneyMaid 视频广告

在最短的 15 秒版本中，广告以父亲的画外音开场，以家人间温馨的互动场景为主要画面，于广告第 6 秒露出产品，最后以品牌 logo 和广告语收尾。在这个

版本中，产品和品牌信息一共出现了 5 秒，占总体广告时长的 1/3。30 秒版本在 15 秒版本的基础上增添了更多的故事细节，如父亲开车上班和全家人一起休闲娱乐的场景，于广告第 11 秒露出产品信息，并在之后增加了更多的产品画面，但依旧是在结尾处出现品牌 logo 和广告语。在这个版本中，产品和品牌信息一共出现了 10 秒左右，占总体广告时长的 1/3。第三个版本总长 2 分 17 秒，在父亲的画外音之余增加了家人之间的对话元素，使情节更加丰富完整，于广告进行到 1 分 17 秒时露出产品信息。在这个版本中，产品和品牌信息的露出时间并未明显加长，约为 12 秒，占到广告总时长的 9%左右。

Google 的测试结果显示，最短的 15 秒广告是最容易被用户跳过的版本，并且在提升品牌喜爱度方面的效果最差，但却是最能唤醒广告回忆的版本。因此，对于那些急需打开品牌知名度的广告主而言，15 秒的短广告不失为一个好的选择。30 秒版本的广告完整观看率最高，在提升品牌喜爱度方面也比 15 秒版本的效果要好。对于品牌来说，30 秒是一个能够被绝大多数用户接受的网络视频广告时长，可以让消费者对品牌产生一个有意义的印象。最长 2 分 17 秒版本的广告被跳过的频率介于 15 秒版本和 30 秒版本之间，有 15%的用户完整观看完这则广告。在这则版本的广告中，直到广告播放到 1 分 17 秒的时候才露出产品信息，这意味着很多观众在没有看到广告产品的时候就跳过了广告，因此这则长广告在品牌知名度方面并没有收获较好的效果。与 30 秒版本一样，2 分 17 秒版本的长广告在品牌好感度方面表现较好，这跟细致深入的故事情节紧密相关。

案例点评：

HoneyMaid 网络视频广告效果测试为营销人员决定广告时长提供了一个新思路。从场景的要素来看，Google 主要是从时间维度对 HoneyMaid 品牌的网络视频广告进行测评。随着用户注意力的分散，越来越多的企业开始采用篇幅较短的视频广告进行品牌宣传。由于短广告的故事情节较为简单，品牌形象露出较快，因此在企业第一次接触目标用户时，采用 15 秒左右的短广告能够使消费者在短时间内形成品牌认知。当品牌从引入期过渡到成长期的阶段，短广告就不能满足消费者进一步了解品牌的需求，这就需要企业采用较长的广告内容来提升品牌美誉度。

三、网络视频广告效果测评面临的难题

尽管所有广告商都明白网络视频广告的重要性，但是如何准确测量网络视频广告的营销效果一直都是困扰各大广告主的头号难题。由于没有一个官方认可的科学评估体系，目前网络视频广告的效果测评都还处于一种较为混乱的状态，衡量指标的不统一以及数据欺诈的泛滥严重影响了视频网站平台与广告主之间的信任关系。

（一）可见度标准难以确定

只有被消费者看到的网络视频广告才有可能产生广告效果，可见指的是广告被用户真正浏览过、观看过，既可以从时间上定义，也可以从露出面积（尺寸）上定义。在 eMarketer 进行的一项关于视频广告基准的报告中，可见度成为视频广告买家和卖家分歧最大的一项指标，买家担心自己的广告没有被看到，而卖家尽力使用最低标准衡量广告可见度。目前，绝大多数网站采用播出一定时长的标准来确定可见度，但是依旧无法确定广告播出时用户是否在观看。在日本，只有37.8%的广告主倾向于使用网络视频广告进行品牌宣传，其中营销效果难以测量是阻碍他们投放网络视频广告的一大原因①。由此可见，可见度等测评标准的确定成为网络视频广告效果测评的难点之一，这需要买方和卖方进一步协商解决和更先进的技术支持。

（二）数据欺诈现象普遍

广告大师约翰·沃纳梅克曾说过这样一句被广告人津津乐道的名言：“我知道我的广告费有一半浪费了，但遗憾的是，我不知道是哪一半被浪费了。”这样的疑惑在互联网时代依旧存在，甚至更加严重。对于广告主和视频网络平台来说，播放率、点击率不仅仅是一个数字，更是一种交易货币，决定了彼此的成本和收益。每年，广告主都因数据欺诈损失大量广告费用。WhiteOps 的调查数据显示，在 2016 年，营销人员因流量欺诈损失了 70 多亿美元。Tune 有调查数据显示，

① CyberAgent：只有 37.8%日本广告商使用网络视频广告. http://www.199it.com/archives/409222.html，2015-11-25.

23.3%的广告网络面临着严重的流量欺诈问题，有超过 15%的广告点击量属于虚假点击[①]。数据欺诈使很多广告主渐渐开始重新审视广告效果测评的数字价值，解决数据欺诈问题需要整个广告行业共同努力，严格遵守行业道德规范。

延展阅读

方迎丰，余思慧，简予繁. 2013. 视频广告概论. 武汉：武汉理工大学出版社.

胡卫夕. 2017. 细思极恐的 YouTube 可跳过广告. https://zhuanlan.zhihu.com/p/30962547，2017-11-12.

Jami Oetting. 2018. YouTube Ads for beginners：how to launch & optimize a Youtube video advertising campaign. https://blog.hubspot.com/marketing/youtube-video-advertising-guide，2018-05-07.

Thomas S. 2016. The comprehensive guide to video advertising in 2016. https://marketingland.com/comprehensive-guide-video-advertising-2016-170879，2016-03-30.

① Tune：2017 年移动广告流量欺诈报告. http://www.199it.com/archives/641216.html，2017-10-17.

第六章　在线展示广告效果测评

展示广告出现的时间介于电子邮件广告和网络搜索广告之间，世界公认的万维网上首个在线横幅广告诞生于美国。1994 年 10 月 27 日，美国商业杂志《热线》(*HotWired*) 推出网络版 (www.hotwired.com)，在其网页上发布了内容为“Have you ever clicked your mouse right here? You will”的图标，拉开了在线横幅广告时代的序幕（图 6-1）。为了吸引用户注意，这则在线横幅广告采用了黑底和彩色字体，一经发布就促成了 AT&T、MCI、Club Med 等 14 个广告客户的签约。当时 AT&T 支付 Hotwired 30 000 美元在其网站上投放横幅广告三个月，点击率高达 44%[①]。当用户点击 AT&T 的在线横幅广告时，用户会直接被链接到 AT&T 的登录页面，浏览者可以通过下一步的点击查看世界各地景点和博物馆等信息。当时的在线横幅广告销售模式类似于印刷广告，大多按版面收费并向客户收取前期费用，和今天按点击收费的销售模式截然不同。本章将对在线展示广告的概念和主要类型进行梳理，利用场景思维，从时、空、人、物、价值的维度提出在线展示广告营销效果测评模型，并通过大量的数据和案例对目前在线展示广告的营销效果进行解读。

① The history of online advertising. https://www.adpushup.com/blog/the-history-of-online-advertising/，2013-07-03.

图 6-1 1994 年网络版《热线》杂志发布的世界上首条横幅广告
资料来源：https://www.wired.com/2010/10/1027hotwired-banner-ads/，2018-07-05

第一节 在线展示广告的概念及其类型

广义而言，广告主投放在各大媒体平台上的广告都可以称作展示广告，在线展示广告不过是将投放渠道具体到了互联网数字平台。在线展示广告内容丰富、类型多样，本节主要从展示形式、展示尺寸、展示渠道和展示目的四个角度对在线展示广告进行了划分。

一、在线展示广告的概念

在线展示广告是一种较早出现的网络广告形式，以在线的方式呈现在第三方网站或者搜索引擎结果页面，通过含有链接的文字、图片或动画视频来展示广告内容，以达到推销商品和服务，传播观念，提升品牌知名度，提高消费者购买意愿等目的。在线展示广告的两大功能分别是展示功能和交互功能。展示，即在用户浏览网页信息时，以图片等形式吸引用户对广告信息的关注，从而实现品牌曝光的目的。交互，即当用户点击广告时，在线展示广告可以将用户链接到目标网站。从这个角度来说，在线展示广告的效果不外乎注目效果和互动效果。

1994 年，第一则在线横幅广告出现并大获成功后，在线横幅广告受到了各大广告主的关注。在横幅广告的普及应用过程中，广告商越来越关注特定消费者的人口统计特征，希望将广告放置在合适的地方让合适的人看到。有需求就有市场，1995 年出现了有针对性的在线展示广告服务。专业从事在线广告的广告公司

WebConnect 帮助客户将广告放置在目标受众最有可能看到的网页位置，并引入了 CustomView 工具，该工具可以设置某一横幅广告在特定用户网页上显示的次数。当用户接触某一横幅广告的频次达到上限时，WebConnect 会替换成其他在线展示广告[①]。

1996 年，广告商们开始改进投资回报率（Return On Investment，ROI）跟踪工具，以求对广告效果进行实时管理。Doubleclick（2008 年被 Google 收购）首次推出在线横幅广告 ROI 服务，帮助企业跟踪用户的广告浏览及点击情况。Doubleclick 将横幅广告与 Cookies 技术结合，利用 Cookies 技术来储存和收集用户的信息，如用户使用的网页浏览器、操作系统、ISP（互联网服务商）、带宽、访问时间、IP 地址等，以此实现目标定位。从此，千人成本逐步发展为在线展示广告的定价模式[①]。

1997 年，Tripod.com 的开发人员 Ethan Zuckerman 创建了弹出式广告（Pop-up Ads），被称为"一种可以将广告与用户关联起来而不直接放在网站页面上的方式"[②]。20 世纪 90 年代末期，在在线横幅广告点击率不断下降的背景下，弹出式广告因能强迫用户关注而受到广告商的追捧。弹出式广告经常毫无预兆地出现在用户页面，严重干扰了用户正常的浏览行为，因此也被视为"互联网原罪"和"最令人生厌的广告技术"。到了 21 世纪初，随着网络技术的发展，各大浏览器配备了拦截弹出窗口的功能，使弹出式广告受到致命打击。

1997 年 3 月，IBM 和 Intel 成为第一个在中国吃螃蟹的广告主，在 ChinaByte 上发布了 468 像素×60 像素的动画横幅广告。IBM 为 AS400 的宣传支付了 3 000 美元，这也是 ChinaByte 收获的第一笔广告收入，成为中国网络广告里程碑式的事件[③]。图 6-2 为 ChinaByte 的标志。

---

① The history of online advertising. https://www.adpushup.com/blog/the-history-of-online-advertising/，2013-07-03.

② A brief history of online advertising. https://blog.hubspot.com/marketing/history-of-online-advertising，2018-05-14.

③ 聊一聊人类历史上最早的网络广告. http://www.sohu.com/a/33180254_233954，2015-09-24.

图 6-2 ChinaByte 标志

资料来源：http://www.sohu.com/a/33180254_233954

1999 年，付费搜索和按点击收费的销售模式开始受到营销人员的关注。搜索引擎公司 GoTo.com（后被雅虎收购）首推付费搜索引擎服务，即广告主可以通过付费，让自己的广告链接出现在搜索结果的顶部[①]。出价最高的广告会被优先列出，以至于用户难以区分哪些是付费搜索结果，哪些是自然搜索结果（根据内容相关度排序的搜索结果），这严重影响了用户的判断和体验。

2000 年，Google 推出了 AdWords，广告的展示顺序最初采用付费广告模式，后引入质量得分模式[①]。与以往付费展示广告模式不同的是，质量得分模式综合考虑了关键词、历史点击率、广告文案相关性、登录页质量等因素来确定展示广告在搜索结果页面的位置。也就是说，那些出价较低但点击率较高的广告，仍有机会出现在搜索页面的上方。

如今，在线展示广告不断向社交媒体平台倾斜。未来，数字营销传播将发展成为一种针对性的营销手段，在线展示广告不仅要考虑到品牌的利益，也要追求用户体验，以期在不影响消费者体验的前提下为用户提供有价值的内容。

二、在线展示广告的类型

提到在线展示广告，我们首先想到的是各种网页图片或弹窗广告，这些是应

---

① A brief history of online advertising. http://blog.hubspot.com/marketing/history-of-online-advertising，2018-05-14.

用最普遍的在线展示广告形式。在线展示广告种类众多，根据不同的标准可划分为不同的类型，除了横幅广告和弹窗广告，常见的在线展示广告还有很多其他表现形式。

（一）按照广告的展示形式划分

在艾瑞咨询发布的《数字展示广告营销操作指南》中，艾瑞咨询将数字展示广告划分为品牌图形广告、富媒体广告、视频贴片广告和文字链广告四大形式。其中，品牌图形广告包括按钮广告、鼠标感应弹出框、画中画、摩天柱广告、通栏广告、全屏广告、对联广告、视窗广告、导航条广告、焦点图广告、弹出窗口和背投广告等形式；富媒体广告主要包括插播式、扩展式和视频类等三种广告形式；视频贴片广告指在网络视频播放前、播放暂停或者播放完后插播的图片、视频、Flash 等广告；文字链广告则是指以一排文字作为一个广告，点击文字即可进入相应的广告页面，主要投放文件格式为纯文字的广告形式[①]。

（二）按照广告的展示尺寸划分

从在线展示广告的尺寸来看，468 像素×60 像素是第一个在线横幅广告的标准尺寸（图 6-3）。之后，随着网络广告的不断发展和广告商需求的不断变化，各种不同规格的在线展示广告应运而生。

图 6-3　标准的网页横幅广告，大小为 468 像素×60 像素

资料来源：https://en.wikipedia.org/wiki/Display_advertising#cite_note-16

美国互动广告局为展示广告提供了一系列标准尺寸，为网站页面的广告设计提供参考指南（表 6-1）。

---

① 艾瑞咨询．数字展示广告营销操作指南．http://www.iresearch.com.cn/Detail/report?id=2148&isfree=0，2014-05-14.

表 6-1 部分在线展示广告尺寸表

在线展示广告形式	规格/像素
垂直矩形	240×400
大矩形	336×280
内嵌矩形	300×250
方形	250×250
小方形	200×200
大排行榜	970×90
排行榜	728×90
移动排行榜	320×50
横幅	468×60
大型移动横幅	320×100
摩天大楼	120×600
宽大的摩天大楼	160×600
半页广告	300×600
告示牌	970×250
肖像广告	300×1050

（三）按照广告的展示目的划分

在线展示广告最基本的功能是吸引用户关注，更高层次的目标是引导用户点击，从而把消费者引导到商家所希望的页面。Facebook 从广告主的投放目标出发，把其网页上的广告划分为提高网站点击量的广告、推广产品及促销广告、增加页面影响力的广告、引导安装 APP 的广告、吸引用户线下体验的广告等几大类型①。

① Beginner's guide to Facebook Ad types. https://adespresso.com/guides/facebook-ads-beginner/facebook-ads-types/，2018-05-14.

第二节　在线展示广告效果主要指标

在线展示广告效果测评指标大致可以划分为交易指标、曝光指标、点击指标、到达指标、互动指标和转化指标六大类。目前而言，绝大多数广告主更加看重消费者对在线展示广告的行动反馈，缺乏从时间、空间等场景视角对在线展示广告的投放效果进行评价。本节试图从场景角度构建出一个较为全面的在线展示广告效果测评模型，以期对传统的效果指标维度有所创新和完善。

一、在线展示广告效果测评模型

广告效果一直是各大广告主关注的核心问题，这涉及企业投放的广告是否对消费者产生了影响。除了经济效果、社会效果和心理效果这三大广告效果评估角度外，2009 年 6 月，奥美世纪、易观国际、99click 等企业联合起草了《中国网络营销（广告）效果评估准则》意见稿，提出广告展示量、广告点击量、广告到达率、广告二跳率和广告转化率等五大网络广告效果评估指标。王佰荣（2014）运用点击率、浏览率、转化率、完成率和广告效果层级模型中的广告记忆、购买意向等指标介绍了网络广告效果的测评标准。目前，大多数企业采用交易指标（如千人成本 CPM）和行动指标（如点击率 CTR）相结合的方式对在线展示广告的营销效果进行综合测评。但是，这些指标体系并没有全面评估到在线展示广告的整体效果。随着移动互联网技术的发展，数字信息场景成为人们日常生活的主要环境，越来越多的企业意识到场景逐渐成为新的流量入口。在费尽心机争夺用户场景的同时，品牌也应该树立场景思维，从时、空、人、物、价值等方面 360 度测评在线展示广告的效果（表 6-2）。

表 6-2　场景视角下在线展示广告效果测评模型

场景要素	测评方向	对应的效果评测指标举例
时	用户时间、广告展示时间	广告展示的时间节段
空	用户位置、广告展示位置	用户所在位置、 在线展示广告渠道

续表

场景要素	测评方向	对应的效果评测指标举例
人	用户属性、用户习惯	用户的人口统计特征、 用户浏览网页的习惯
物	营销语境、广告文本	产品（品牌）属性、 在线展示广告的内容和形式
价值	用户价值、产品（品牌）价值、 在线展示广告价值	用户价值观、 产品（品牌）价值、 在线展示广告文本价值
要素关系	场景要素之间的关系	以上指标间的匹配程度

时间要素测评的主要目的是衡量广告展示的时间是否准确，只有在用户使用某网页的时候展示广告才有意义。很多广告主选择在用户打开某网站的第一时间弹出广告，就是想要抢夺用户的第一注意力。虽然这样的方式有效地吸引了消费者的目光，但也对用户的网页浏览体验造成一定影响，很多用户对这样的弹出广告采取一键关闭的态度，因此，这样的展示广告效果值得商榷。空间要素主要测评的是在线广告展示的渠道是否与目标用户匹配。互联网在提供海量信息的同时也把网络用户分散在了各种不同的平台上，如果只是基于某网站或APP客户端的使用量或浏览率来进行广告投放，而忽略了目标用户的“位置”，那就很有可能造成广告无效。人和物是在线展示广告的基本要素，没有人意味着缺少展示的受众，没有物意味着缺少展示的平台与内容，如果缺少了这两个关键要素，效果测评就是空中楼阁。价值是时、空、人、物等场景要素之间相互联系的纽带，决定了消费者对在线展示广告的评价和反应。

二、在线展示广告效果测评指标

表6-3为传统在线展示广告测评指标的分类情况。

表6-3　传统在线展示广告测评指标分类

指标分类	测评指标
交易指标	千人成本
	时长付费
	点击付费

续表

指标分类	测评指标
曝光指标	曝光量
	完整曝光量
	目标受众曝光量
点击指标	点击量
	点击率
到达指标	到达量
	到达率
互动指标	参与率
	二跳率
转化指标	转化率

1. 千人成本

千人成本是广告效果评估过程中最常用的一个指标，也是被多数国家所采用的一种广告收费模式。从在线展示广告效果测评的层面上来讲，千人成本又可称为千次曝光成本，即在线展示广告每曝光 1 000 次，品牌主所需要支付的广告费用，其计算公式：千人成本=（广告费用/曝光量）×1 000。

2. 时长付费

不同于千人成本按照曝光次数的收费标准，时长付费是一种基于投放时间的广告计费模式。广告主可以根据需求自主选择投放时长，短则可以几个小时甚至几分钟，长则一年，在与网站约定的时间段中，无论品牌的在线展示广告被点击多少次，广告费用保持不变。从场景的视角来看，时长付费把广告费用与时间维度联系起来，但是忽略了对用户价值感知的衡量，如果同一个广告投放时间过长，很有可能会引发用户的厌倦情绪，是一种较为粗放的广告收费方式。

3. 点击付费

点击付费是一种以用户点击行为为标准的收费模式。在这种模式下，不论广告展示了多少次，只要用户没有对该广告进行点击，广告主就不需要对网站付费。从场景的视角来看，点击付费模式比千人成本模式更加深化和具体，因为只有在展示内容、展示平台和目标用户三者契合的情况下，用户才有可能发生点击行为。这样的计费模式也提示网站在挑选品牌方时要考虑到在线展示广告内容与自身网站调性的匹配程度。

4. 曝光量

曝光量又可称作展示量，指的是某一时间周期内在线展示广告在固定网站出现的总次数。这一指标聚焦于品牌的传播量，但是其最大的问题是将“出现”等同于“曝光”，不考虑用户是否真正看到过在线展示广告。也就是说，即使用户已经切换了页面或者在上下滚动页面时没有看到广告，只要广告在用户打开的网站中出现过，就是曝光。更关键的是，无论广告是否已经完整地展现在网页上，都将计入投放次数。美国互动广告局规定，只有当在线展示广告的50%或更高比例面积出现在用户关注的浏览器页面不低于1秒时，才可算作一次展示次数，否则，广告主可以不为本次广告付费。从场景的视角来看，在线展示广告曝光的时间和平台都至关重要，这关系到是否可以让更多的目标用户看到该广告。总体来讲，曝光量这一指标几乎没有考虑到场景的适用性，主要是从数量上来衡量在线展示广告的累积展示次数。

5. 完整曝光量

完整曝光量是对曝光量这一效果指标的优化，指的是展示广告的内容真正完全出现在用户浏览器中的总次数，去除了那些因隐藏、遮挡或者延时等原因而没有在用户网页中完整加载出来的广告展示次数。从场景的视角来看，完整曝光量将广告内容（物的元素）纳入测评范畴，但是依旧未考虑曝光时间和空间维度方面的影响。

6. 目标受众曝光量

目标受众曝光量是曝光量的再次升级，指的是曝光在目标消费者面前的在线展示广告的总次数。试想，十五六岁的青少年看到高端汽车的在线展示广告会有什么特别的反应吗？那如果换成三十多岁收入丰厚的商务男性呢？因此，品牌如果想让自己投放的在线展示广告效果最大化，就要仔细甄别目标用户的网络使用习惯，尽可能让自己的广告曝光在正确的受众面前。从场景的角度来看，目标受众曝光量这一指标较好地考虑到用户维度，准确把握目标用户出现的时间和位置有利于有效提升品牌在线展示广告的目标受众曝光量。

7. 点击量

点击量指的是在某一时间周期内，用户点击某在线展示广告的总次数。

8. 点击率

点击率指的是在某一时间周期内，某在线展示广告被用户点击的总次数与该广告曝光量之间的比例，即点击率=总点击次数/曝光量×100%。点击率能够让企业了解到有多少受众看到广告后会进行点击，以此判别在线展示广告的吸引力。从场景的视角来看，点击是用户对在线展示广告进行价值判断后的交互行为，在准确把握用户需求的前提下对在线展示广告的创意进行优化设计，有利于进一步提升在线展示广告的点击率。

9. 到达量

到达量指的是用户在点击在线展示广告后，完全进入目标网站的总人数。需要注意的是，并不是所有点击在线展示广告的用户都贡献了到达量，由于误点或者网速等原因，一部分用户在目标网页还未完全展示的情况下就退出了。

10. 到达率

到达率是指用户通过在线展示广告完全进入目标网站的总人数与点击在线展示广告总数之间的比例，即到达率=到达量/点击量×100%。到达率这一指标与在线展示广告的内容创意和网页打开速率密切相关，好的内容吸引用户进行点击，但是如果因为网速不给力或者加载页面内容过多导致无法迅速跳转，也会严重影响在线展示广告的到达率。从场景的视角来看，到达率不仅涉及对在线展示广告内容和浏览器网速等物的要素的考量，还包含了对用户使用价值的判断，是一个具有重要参考价值的效果评估指标。

11. 参与率

参与率是指与在线展示广告进行互动的总人数与在线展示广告曝光数之间的比例，即参与率=互动人数/曝光量×100%。参与率是衡量消费者与品牌广告互动效果的重要指标，较常用于社交媒体平台的广告效果评估。随着网络技术的发展，很多在线展示广告开发出交互功能，因此这一指标也适用于传统在线展示广告的效果测评。如今，在线展示广告呈现的内容不断丰富，用户与广告互动的形式也愈加多样化，如简单地把鼠标悬停在广告上、观看展示广告中嵌入的视频与动画、收听展示广告中的音频等。如果在线展示广告与用户互动的唯一方式是点击的话，那么参与率就是点击率。从场景的视角来看，参与行为暗示出消费者已经注意到该品牌广告并对广告内容产生了一定兴趣，意味着广告内容与用户需求得到了某种程度的价值匹配。准确洞察用户需求，增强在线展示广告的趣味性和互动的便利性，可以帮助企业进一步提升在线展示广告的参与率。

12. 二跳率

理解二跳率，首先要清楚认识二跳量的概念。当用户通过在线展示广告到达目标网页时，在目标页面完全展开后进行的首次点击行为被称为“二跳”，二跳的总次数称为二跳量。二跳率指的是二跳量与到达目标网页总人数之间的比例，即二跳率=二跳量/到达量×100%。从场景的视角来看，二跳率较好地反映了目标网站内容与用户需求之间的价值匹配程度，在线展示广告把消费者“领进门”，但是能否激发用户的进一步点击取决于目标网站的内容对用户是否有用。

13. 转化率

所有的广告营销活动都希望转化为具体的可量化的经济效益，广告转化行为不单单指销售转化，还包括会员注册、邮件订阅、参与抽奖、客户端下载等。因此，具体的转化行为要根据企业的营销目标来设定，转化率即为某一特定的行为转化总次数与在线展示广告总点击次数之间的比例，计算公式：转化率=转化次数/点击次数×100%。

第三节　在线展示广告效果测评及其面临的难题

在线展示广告效果测评指标多种多样，采用哪些指标衡量广告效果是各大广告主的头号难题。本节首先对国内外各类研究报告中有关在线展示广告效果的数据和观点进行梳理与解读，了解在线展示广告效果测评的现状，并从场景的五大维度评析 ZUJI 在线旅行社和吉利汽车世界杯在线展示广告投放案例，总结在线展示广告效果测评的难点和挑战。

一、在线展示广告效果测评

媒体收购公司 IPG Medurands 的研究部门 Magna 调查发现，2017 年全球数字广告支出达到 2 090 亿元，远超传统电视媒体的广告支出（1 780 亿元）。2018 年，Salesforce 发布了《数字广告 2020 报告》，认为数字广告正在经历大规模的转型发展期，不断满足消费者对个性化的体验需求将是数字广告的发展方向。Salesforce 还提出了未来数字广告发展的四大趋势，其中有一点就是“广告指标将变得更加复杂：品牌一方面会继续使用某些传统效果评估指标，一方面也会超越现存简单指标，寻求新的量化方向来测评广告效果。①”在线展示广告是数字广告的一大类型，了解在线展示广告的关键测评维度和整体发展现状，有助于营销人员在数字营销浪潮中准确定位。

（一）基于行业的在线展示广告效果测评

营销传播是每个企业的生命线。自在线展示广告诞生以来，其丰富的表现方式和灵活的计费模式吸引了各行各业的关注，从全局把握主要行业在在线展示广告方面的投入，能够帮助企业和营销者从整体了解行业发展现状，从而更好地规划下一阶段的营销传播策略。

艾瑞咨询认为，从整体来看，品牌图形广告是发展最为成熟的一种在线展示广告形式，其 2016 年市场规模达到 389 亿元，同比增长 21%。同时，艾瑞咨询对我国交通、房地产、金融服务等几大主要行业在网络展示广告方面的资金投放进行了详细分析（图 6-4）。如果以十年为分析单位，IT 行业在在线展示广告方面的资金投入在市场份额中的比例明显下降（2001 年占比近 30%，2016 年占比低于 10%），交通行业展示广告的市场份额在波动中上升，并在 2010~2016 年连续 6 年位居首位，娱乐休闲、医疗服务行业的在线展示广告市场规模较小（低于 5%），发展趋势较为平稳。如果单从 2016 年的在线展示广告

① Salesforce releases digital advertising 2020 report — convergence，data，and measurement drive Ad transformation. https://www.salesforce.com/blog/2018/01/salesforce-digital-advertising-2020-report.html，2018-05-14.

投放规模来看，位列前四的行业分别是交通行业、网络服务行业、房地产行业和食品饮料行业，投放规模总计占比 59.8%，游戏类广告主和汽车类广告主成为主要贡献力量[①]。

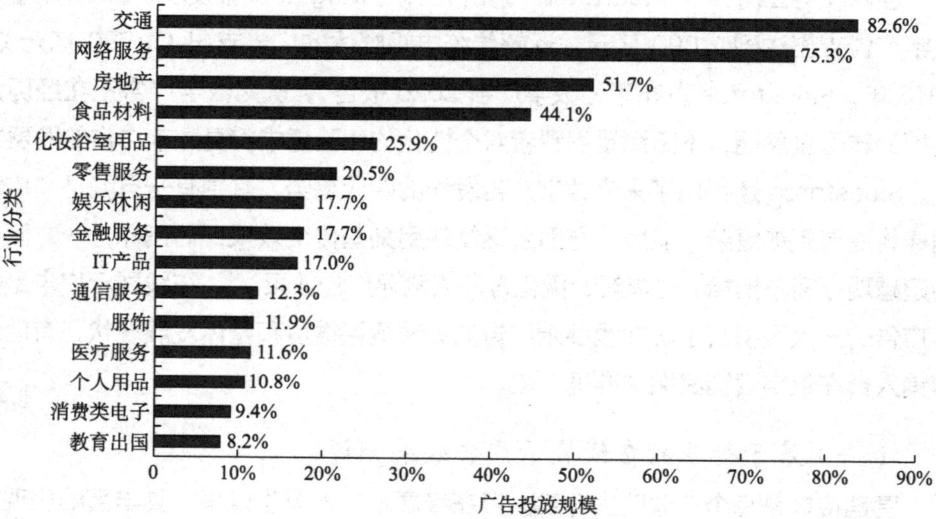

图 6-4 2016 年中国在线展示广告主要行业广告投放规模

资料来源：《艾瑞咨询：2017 年中国网络广告市场年度监测报告简版》

Google 首席合作伙伴 WordStream 根据业务类型的差异，总结了 20 个常见行业在 Google 网站进行在线展示广告投放的平均每次点击费用（图 6-5）。总体而言，所有行业的在线展示广告平均每次点击费用为 0.58 美元。其中，就业服务行业的费用最高（1.66 美元），是位列第二的房地产行业（0.88 美元）的近两倍，电子商务（0.29 美元）、旅游（0.24 美元）、科技（0.2 美元）和约会婚恋（0.18 美元）这四个行业的在线展示广告每次点击费用在 0.3 美元以下，相对较低[②]。

① 艾瑞咨询：2017 年中国网络广告市场年度监测报告简版. http://www.199it.com/archives/586985.html?from=singlemessage，2017-04-27.

② Cost per click（CPC）: learn what cost per click means for PPC. https://www.wordstream.com/cost-per-click，2018-05-14.

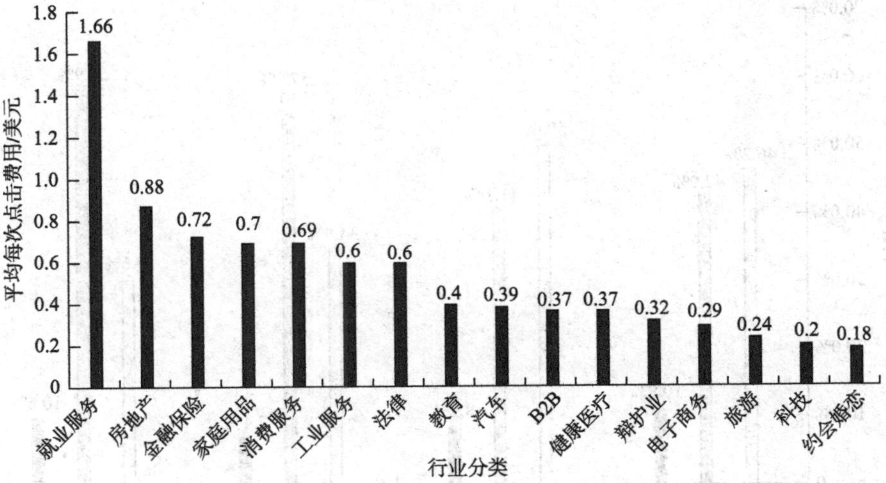

图 6-5 Google 各行业在线展示广告平均每次点击费用

（二）基于渠道的在线展示广告效果测评

随着移动智能手机的不断普及，人们花费在移动终端设备上的时间越来越多，与此同时，广告点击量和费用支出也不断向移动渠道转移。Marin Software 发布的《2016 年全球移动广告预测报告》显示，2015 年，71%的在线展示广告点击量来自移动智能手机①。在 Marin Software 随后发布的《2016 年第二季度网络广告指标调查报告》中，Marin Software 从广告费用、曝光、点击和转化四个方面对比了在线展示广告在不同设备上的表现②。如图 6-6 所示，品牌在不同渠道的资金投放比例从高到低依次是电脑（46.2%）、智能手机（42.9%）、平板（10.9%）。从不同设备的广告效果来看，电脑在曝光指标上有较好的表现，而智能手机在点击和转化指标上更胜一筹。这跟不同设备的特性和人们的使用习惯有关：电脑屏幕相对更大，可展示的内容更加全面具体；智能手机的便捷性更强，人们可利用碎片化时间浏览网页，空闲状态下的用户更容易对在线展示广告进行点击和深度阅读，因此也更有可能产生转化行为。

---

① Marin Software：2016 年全球移动广告预测报告. http://www.199it.com/archives/463776.html，2016-05-10.

② The Q2 2016 performance marketer's benchmark report. http://www.199it.com/wp-content/uploads/2016/06/2016-6-16-Q2-benchmark-report_US.pdf，2018-05-14.

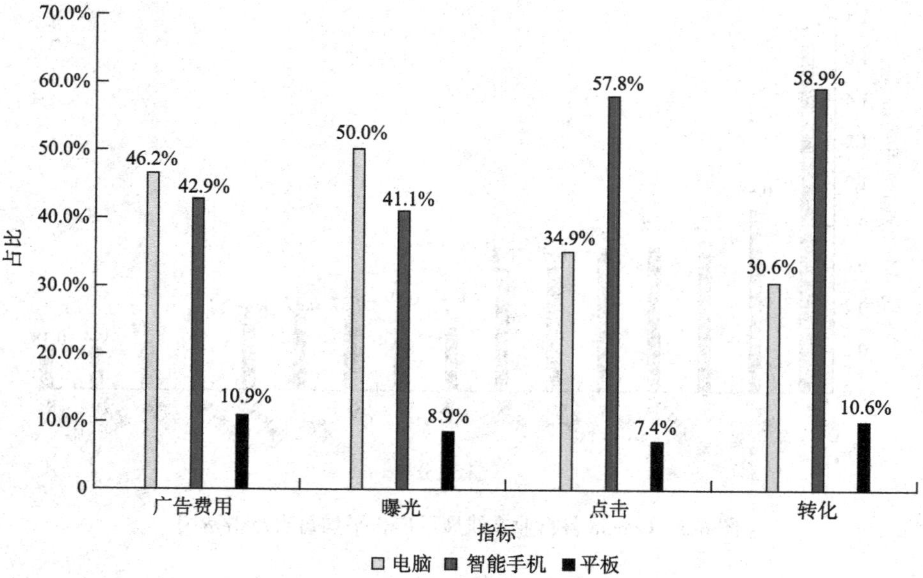

图 6-6　不同设备上在线展示广告的效果

近两年，广告主不断加大在移动手机端上的广告投入，这跟移动设备上较好的广告效果有较大关系。品牌如果想要进一步提升在线展示广告的效果，树立场景思维至关重要。企业可充分利用大数据、人像识别、语音识别、地理定位等技术对目标用户进行识别和定位，在消费者最需要的时候展示产品。我们设想以下两类场景：

场景一：在一个炎炎夏日的午后，你在大街上一边等红绿灯一边刷手机，这时手机里出现一则防晒霜在线展示广告。

场景二：在一个炎炎夏日的午后，你坐在空调房间里看手机，这时你的手机里出现一则防晒霜在线展示广告。

毫无疑问，同样的在线展示广告，对一个本来没有消费意愿的用户来说，场景一比场景二更能激发消费者的购买冲动。从这个层面而言，找准目标用户的位置和状态，准确曝光比大范围盲目曝光更有意义。

（三）基于交易费用的在线展示广告效果测评

根据 eMarketer 发布的《2016 年美国在线展示广告趋势报告》，自 2015 年起，美国手机端的在线展示广告费用开始超过电脑端，并预计视频、富媒体和其他横幅类在线展示广告将在下一年占到美国数字广告费用的 47.9%（约为 321 亿美元）①。2017 年，eMarketer 再次发布关于美国数字广告的调研结果，总结了各大网站平台/公司的在线展示广告收益情况，并对未来三年的发展趋势进行了预测（图 6-7）。根据以往各大网站平台的在线展示广告收入，eMarketer 预测 Facebook 对品牌在线展示广告的吸引力将继续保持领先地位，预计 2017 年将增长 32.1%，占美国数字展示广告市场的 39.1%，并在 2018 年和 2019 年继续保持增长态势。Google 的市场占有量位居美国第二，但是跟 Facebook 相比仍旧存在较大差距，预计 2018 年在美国在线展示广告的份额可以达到 12.3%②。

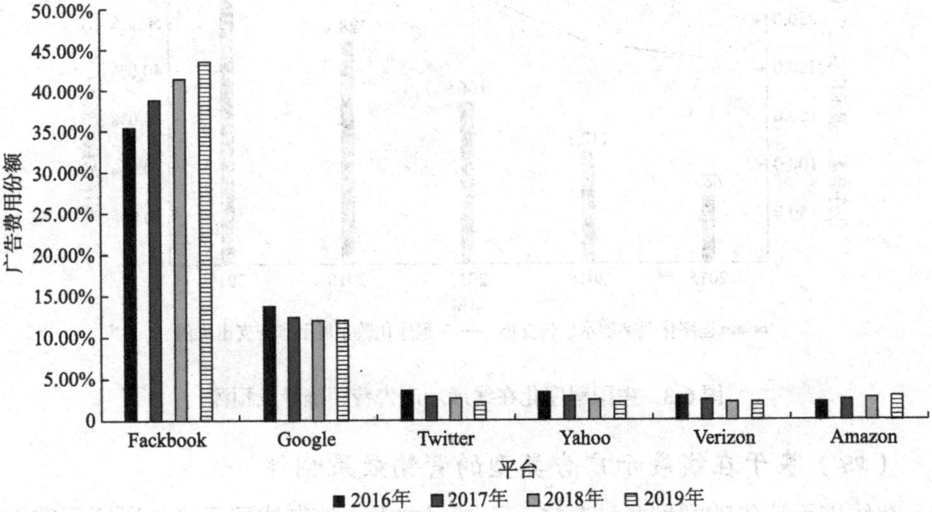

图 6-7　不同平台上在线展示广告的费用份额

近几年，随着程序化购买技术的不断发展，越来越多的企业增加了程序化广告的资金投入，这也赋予在线展示广告新的发展机遇。2018 年 1 月，eMarketer

① 2016 年美国在线展示广告趋势. https://www.199it.com/archives/441956.html，2016-02-26.

② Report：Facebook's display ad domination to grow as US digital ad spend hits $83B in 2017. https://marketingland.com/emarketer-facebook-dominate-15-9-pct-digital-ad-spend-growth-2017-209045，2018-05-14.

发布了《中国程序化广告发展预测报告》，报告指出，2017 年中国在程序化广告费用方面的支出达到 1 109 亿元，比 2016 年增长了 48.6%，并预计在 2019 年中国计划性数字展示广告支出达到 1 967.3 亿元。其中，互联网三大巨头 BAT（百度、阿里巴巴、腾讯）三大数字平台的广告地位具有不可撼动的影响力。不过与美国相比，2017 年，中国在线展示广告的支出比例落后将近 20 个百分点。从 2015 年到 2017 年，中国程序化数字展示广告支出占数字展示广告总支出的比例不断上升，预计到 2019 年将达到 69%，约 296.1 亿美元的市场份额①（图 6-8）。

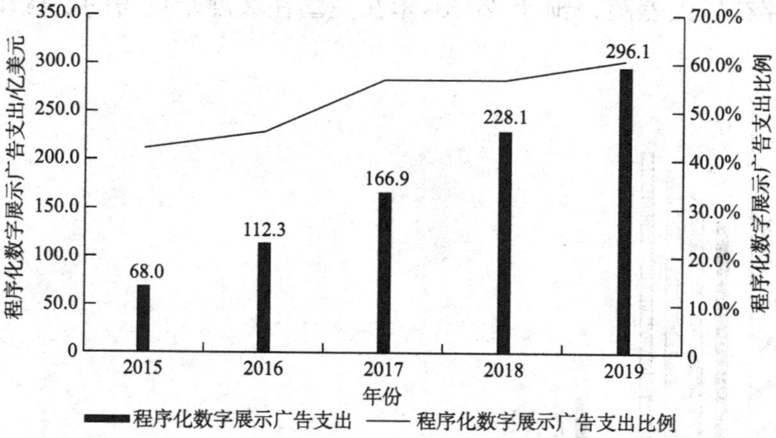

图 6-8　中国程序化在线展示广告费用统计及预测

（四）基于在线展示广告类型的营销效果测评

在线展示广告的类型多种多样，不同尺寸大小的在线展示广告所适用的平台也有所不同。对于网络用户来说，过大的在线展示广告会严重妨碍正常的网页浏览，过小的在线展示广告很容易被忽略。对于品牌方来说，在线展示广告的尺寸大小关系到最重要的广告投入，如何用最少的钱获得最大的回报，是每个广告主在进行决策时思考的问题。根据 eMarketer 的研究报告发现，大尺寸的在线展示

① Programmatic advertising in China：eMarketer's updated forecast and estimates. https://www.emarketer.com/Report/Programmatic-Advertising-China-eMarketers-Updated-Forecast-Estimates/2002186，2018-05-14.

广告在电脑端具有较强的可视性，970×250 大小的告示牌浏览率最高，其次是 300×600、300×250，但是 300×600、160×600 和 300×250 尺寸大小的在线展示广告在电脑端的浏览时间更长，均在 20 秒以上。对于移动手机端来说，由于受到展示屏幕大小的限制，小尺寸的在线展示广告更受用户青睐，320×50 尺寸大小的横幅广告浏览率遥遥领先，比浏览率第二的 300×60 尺寸大小的在线展示广告高出十多个百分点。不过有意思的是，尽管 320×50 大小的横幅广告浏览率最高，但是其浏览时长却不尽如人意，也许跟小屏幕上的内容有限或者字体太小浏览起来太费神有关（表 6-4）。

表 6-4　不同尺寸在线展示广告的浏览情况

平台	尺寸/像素	浏览率	浏览时长/秒
电脑端	300×250	52.6%	21.2
	728×90	49.5%	17.7
	300×600	62.1%	21.8
	160×600	55.0%	21.6
	970×250	65.8%	16.1
移动手机端	300×250	41.3%	16.0
	728×90	51.1%	14.3
	300×600	51.4%	18.0
	160×600	43.6%	18.6
	300×50	64.6%	13.3

资料来源：SaaS：研究显示 970×250 广告是 PC 展示广告浏览率最高达到 65.8%. http://www.199it.com/archives/313509.html，2014-12-15.

我们可以从广告主对不同类型在线展示广告的资金投入差异间接了解广告效果。美国在 2016 年数字展示广告方面的投入首次超过搜索引擎，其中富媒体等其他形式的横幅展示广告占到了 47.9%的广告预算[①]。eMarketer 把在

① 2016 年美国在线展示广告趋势. http://www.199it.com/archives/441956.html，2016-02-26.

线展示广告分为视频广告、富媒体广告、赞助广告、横幅广告（及其他）四大类，对各类在线展示广告的预算进行了调查和预测。根据 eMarketer 发布的《美国数字广告费用报告（2014-2019）》，横幅类展示广告占据了广告预算的绝大部分，预计在 2019 年的广告投入达到 176.8 亿美元（图 6-9）①。美国广告主在视频类和富媒体类展示广告的预算不断增长，分别在 2017 年和 2018 年突破 100 亿大关。整体而言，赞助类展示广告所占市场份额较小，其增长速度也较为缓慢。由此可见，网页横幅广告依旧是广告主最喜爱的在线展示广告形式。

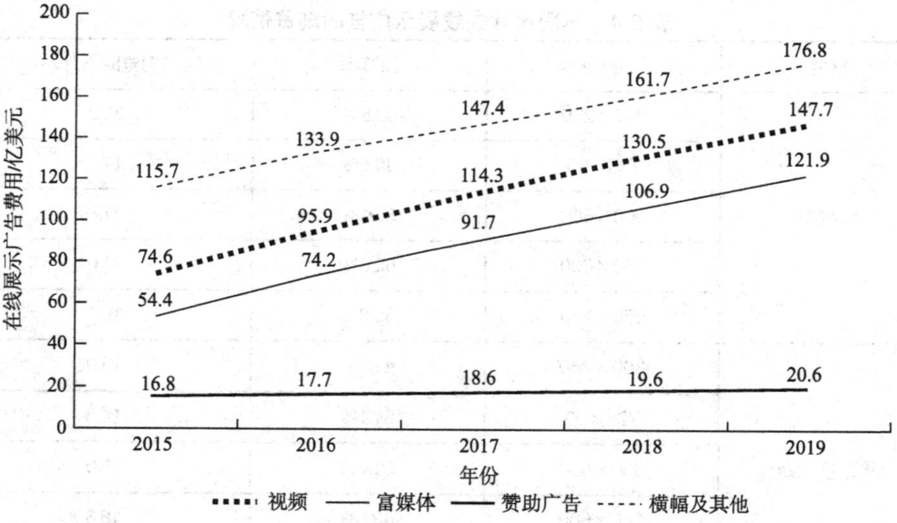

图 6-9 各类型在线展示广告费用情况

（五）基于用户价值的在线展示广告效果测评

相对于搜索广告的主动性和强关联性，在线展示广告是一种强制用户观看的一种广告形式。因此，很多用户把在线展示广告视为一种垃圾广告，并对在线展示广告的内容持怀疑态度，如 33%的网络用户完全不能容忍在线展示广告②，这

① 2016 年美国在线展示广告趋势. http://www.199it.com/archives/441956.html，2016-02-26.

② 20 display advertising stats that demonstrate digital advertising's evolution. https://blog.hubspot.com/marketing/horrifying-display-advertising-stats，2018-05-14.

致使很多网页上的在线展示广告效果失灵。

全球数字营销公司 24/7 Real Media 曾和网络广告技术公司 AdKeeper 联合发布过一项关于在线广告的报告[①]，他们得出人们不点击横幅广告的一大原因是用户不想从当前的在线活动中转移，不愿额外花费精力点击广告，其次是认为广告内容与他们关联性较弱，还有一部分用户出于网络安全方面的顾虑不点击横幅广告（图 6-10）。

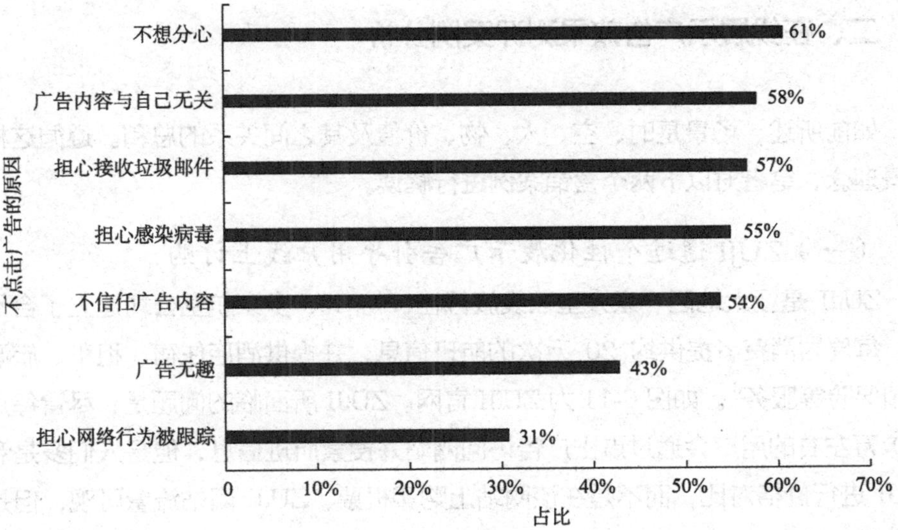

图 6-10 用户不点击横幅广告的原因

资料来源:https://finance.yahoo.com/news/Top-Reason-Users-Dont-Click-iw-129671171.html,2011-04-19.

在线展示广告对用户造成的打扰不可避免，品牌需要做的就是在在线展示广告和用户之间建立价值联系，把这种打扰转化成有意义的展示。任何人都不会拒绝对自己有用的信息，针对在线展示广告的平台，分析其用户属性来鉴别消费者的兴趣、爱好，投其所好才能有所回报。准确识别品牌目标客户的位置至关重要，想一想把汽车类在线展示广告投放在女性美妆网站上的后果吧。将广告曝光在正

① https://finance.yahoo.com/news/Top-Reason-Users-Dont-Click-iw-129671171.html，2011-04-19.

确的平台只是第一步，品牌接下来要做的是与消费者建立信任关系，如通过美观的视觉设计和名人代言等方式让消费者放松戒备，为用户浏览和点击营造一个安心舒适的氛围环境。

价值产生于广告内容与用户需求之间的匹配程度，在正确的时间、正确的平台把正确的广告信息展示给需要的用户，可以让广告价值最大化，让企业在收获经济效益的同时也让消费者获得良好的消费体验。

二、在线展示广告效果测评案例分析

如前所述，场景是时、空、人、物、价值及其之间关系的总和。遵循这样的场景理念，笔者对以下两个营销案例进行解读。

（一）ZUJI 通过个性化展示广告引导用户线上订购

ZUJI 是亚太地区一家大型在线旅行社，与 400 多家航空公司建立了合作关系，每周为消费者提供约 20 万次的航班信息，并提供酒店住宿、租车、旅游门票和保险等服务[①]。如图 6-11 为 ZUJI 官网。ZUJI 所面临的问题是，尽管每月有 200 万左右的用户会通过点击广告访问网站并搜索航班信息，但是人们多是利用 ZUJI 进行价格对比，而不是在该网站上购买机票，ZUJI 网站流量可观，但是销售效果不佳[②]。

为了解决这一问题，ZUJI 采用了目标受众再营销策略来激励客户线上实时订购。其具体的策略是，ZUJI 在使用人口统计数据对消费者进行标签划分的同时，通过追溯以往的网站用户行为来划分目标受众，然后出高价向那些可能成为 ZUJI 消费者的用户进行在线广告展示，使用动态创意向消费者推荐航班信息，并且对展示的内容进行了个性化设计（图 6-12）。换句话说，如果你近期在 ZUJI 网站搜索过关于香港到首尔的航班信息，ZUJI 就会根据你的搜索日期向你

① 关于 ZUJI. https://www.zuji.com.hk/zh-hk/about-us/，2018-05-14.

② Two innovative display advertising case studies [APAC]. https://www.econsultancy.com/blog/67369-two-innovative-display-advertising-case-studies-apac，2018-05-27.

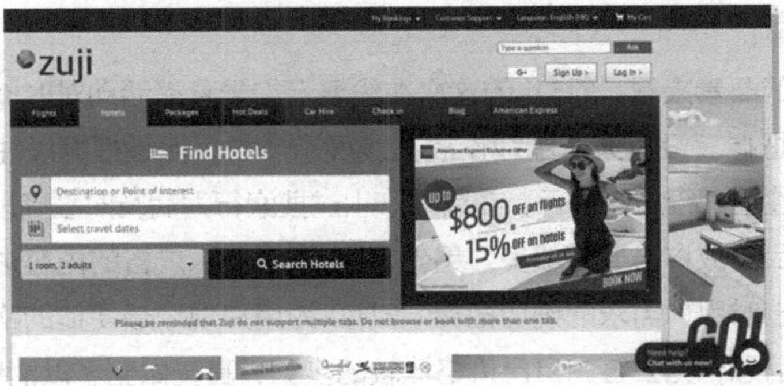

图 6-11　ZUJI 官网

定制化推送包含出行路线和相关机票信息的在线展示广告。通过这样的定制化在线展示广告，ZUJI 的在线预订数量提高了 14%，并实现了 100 倍的广告支出回报①。

图 6-12　ZUJI 个性化在线展示广告推送

资料来源：CASE STUDY：how Zuji boosted bookings with personalized display ads. https://www.campaignasia.com/agencyportfolio/CaseStudyCampaign/402161，case-study-how-zuji-boosted-bookings-with-personalised-display-ads.aspx

① CASE STUDY：how Zuji boosted bookings with personalised display ads. https://www.campaignasia.com/agencyportfolio/CaseStudyCampaign/402161，case-study-how-zuji-boosted-bookings-with-personalised-display-ads.aspx，2018-05-14.

案例点评：

从场景的要素来看，ZUJI 的这次在线展示广告营销活动对时间和用户价值感知有较好把握。没有大范围地投放在线展示广告，而是根据以往用户的浏览记录有针对性地进行广告展示，在用户产生过搜索行为后及时准确地推送广告，其效果比盲目投放广告要好很多。另外，ZUJI 对展示广告的内容进行了个性化定制，体现出对用户需求的确切把握。ZUJI 为用户规划最便捷的路线，推荐最便宜的机票信息，免去客户自己价格比较的步骤，真正做到了以消费者为中心。这样从客户需求出发的在线展示广告营销活动实现了企业价值和客户价值的完美统一，有效提升了消费者的购物体验，广告转化自然也不在话下。

（二）吉利借势世界杯开展体育营销

四年一届的世界杯是和奥运会同等级别的顶级体育赛事，每届世界杯比赛都会受到足球迷的极大关注，也成为各大品牌商进行营销活动的好时机。2018 年，第 21 届世界杯足球赛在俄罗斯举办，吉利汽车借此开展营销活动。吉利汽车在汽车之家网站首页投放横幅广告，以“疯游世界杯”为主题，该横幅广告配合动画效果推广吉利远景 S1 车型，以有机会赢取世界杯门票为契机吸引用户进行点击（图 6-13）。当用户点击横幅广告后，将会被链接到吉利汽车的抽奖页面，用户在填写个人相关信息后方可参与抽奖，下滑页面含有关于吉利 S1 汽车的 VR 体验和车型介绍（图 6-14）。虽然目前还无法统计和评估其广告营销效果，但是吉利对营销节点的把握和广告展示平台的选择值得肯定。

图 6-13　吉利汽车的在线展示广告

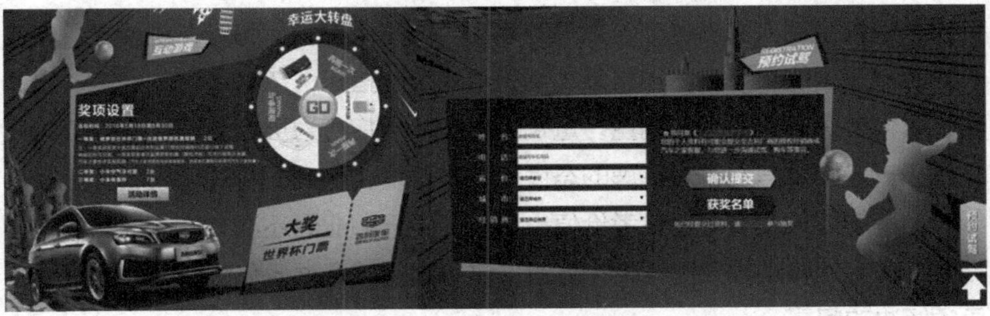

图 6-14 吉利汽车抽奖页面

案例点评：

从场景的要素来看，吉利汽车在线展示广告营销活动在时间要素和渠道选择上具有较好的表现，这背后是吉利对目标用户网络使用习惯的准确洞察。汽车作为一种高卷入机械类商品，购买者以男性为主，汽车之家是中国访问量最大的汽车网站，为消费者提供汽车测评、报价、对比等综合服务，聚集了很多选车、看车、买车的男性用户，在这一点上，吉利的目标消费者和汽车之家的使用人群具有较高的重合度。吉利借世界杯东风之势开展营销活动，能够进一步增强吸引力和趣味性。另外，吉利设置了较高的抽奖门槛，即用户需要填写姓名、电话、城市等个人信息才可参与抽奖，这一方面去除了那些对吉利品牌不太感兴趣的消费者，另一方面也收集了很多客户信息，可以丰富客户资料库，为接下来的营销活动奠定基础。

三、在线展示广告效果测评面临的难题

由于受到各种因素的综合影响，品牌对在线展示广告效果测评还不能做到百分百的准确、真实和全面。下面，笔者将简要分析目前在线展示广告效果测评所面临的难题。

（一）缺乏对定性指标的重视

广告主都希望自己的在线展示广告获得“可观的、可视的”效果，“用数据

说话”成为营销人员衡量广告效果的宗旨。一直以来，品牌对在线展示广告效果测评都是围绕曝光量、点击量、浏览量等量化指标，忽略了对美誉度、忠诚度、可信度等质化指标的测量。量化指标多从用户行为层面测评广告效果，质化指标一般涉及消费者对品牌的态度和认同程度，因此，从长远来看，定性指标对品牌的持久发展更具参考价值。目前，学界和业界还没有形成成熟的在线展示广告定性营销效果测评指标体系，这也是品牌开展质化测评的一大难点和亟须解决的问题。

（二）无法准确判别广告展示的目标对象

目前的在线展示广告服务大多具备定向功能，如用户属性定向、地理位置定向、经济收入定向等，但是广告最终是否真正展示给了目标客户，目前的技术还没有办法做到完全精准测评。当前的广告效果数据中包含了很多非目标客户“无用、偶然”的点击：有时候，点击某化妆品在线展示广告的人不是一位有护肤需求的女性，而是一个在玩游戏时误点了广告的小朋友，那么这个点击量就成为“点击泡沫”。非目标消费者的点击虽然在数据上贡献了力量，但是并没有达到数据反映出来的真实效果。品牌如果想要降低在线展示广告真实效果在数据上的误差，就需要仔细挑选投放平台，以求向真正的目标用户呈现广告。另外，随着人脸识别和声音识别等技术的不断成熟与发展，未来，品牌也许可以利用人像识别技术准确鉴别屏幕前的消费者，去除数据中的“水分”。

（三）忽略对用户空间价值的把握

从目前企业惯用的在线展示广告效果测评指标来看，大多数品牌缺乏对用户空间要素的利用和挖掘。如果广告商能够利用定位技术把品牌实体店的位置和用户位置联系起来，在用户接近店铺的时候向消费者展示商品促销信息，就更能激发消费者的兴趣和需求，从而也更有可能激励消费者进行行为转化，引导消费者从线上走到线下，实现销售增长。

延展阅读

Goldfarb A，Tucker C. 2011. Online display advertising：targeting and obtrusiveness. Marketing Science，30 (3)：389-404.

Laura. 2015. Your guide to Google display Ads. https://blog.bannersnack.com/google-display-ads-guide/，2015-05-19.

第七章　社交媒体营销效果测评

社交媒体营销几乎是与社交软件的平台化同步发展起来的，网民日益增长的线上社交需求和移动社交习惯的形成极大地提升了社交平台的传播影响力，社交软件的工具属性逐渐弱化，媒体属性愈发凸显。在“营销即传播”的数字时代，以人际关系传播为核心的社交媒体显示出超强的营销推广能力，这一点已经得到学界和业界的广泛认可。因为传播速度快、传播范围广、投资耗费低、投资回报可监测等先天优势，社交媒体毫不意外地成为广告主们竞相争夺的风口，但社交媒体营销效果的评估仍然是行业内的一大痛点。调查显示，仅有 44%的营销人员能够测量社交媒体营销活动的投资回报率[①]。本章将从社交媒体营销的概念和类型入手，回溯专家学者及业内人士对社交媒体营销效果评估的独到见解，并在此基础上分析和探讨场景思维下社交媒体营销效果评估体系的建立。同时，以微信营销为例，着重介绍场景思维下社交媒体的营销效果。

第一节　社交媒体营销的概念及其类型

社交媒体不仅是满足人们日常沟通、表达、分享、评价等社会需求的社交工具，也是营销人员迫切想要驾驭的营销平台。社交媒体聚集了数以亿计的普通网民、风

① SME：2018 年社交媒体营销行业报告. http://www.199it.com/archives/730695.html，2018-06-06.

格鲜明的意见领袖以及多种性质的官方机构和社会组织，既是一个强大而活跃的网络舆论场，又是巨大的网络消费市场。越来越多的企业看到了社交媒体的营销价值，甚至连形象较为严肃的官方机构也开始借助社交媒体进行公共关系的维护。那么，到底什么是社交媒体营销？它包含哪些具体类型？这是本章首要解决的问题。

一、社交媒体营销的概念

想要了解社交媒体营销，首先要明确社交媒体的营销价值和营销潜力。We Are Social& Hootsuite 发布的《2018 全球数字报告》显示，目前全球社交媒体用户数为 31.96 亿，同比增长 13%；手机用户数量为 51.32 亿，同比增长 4%；活跃的移动设备社交媒体用户为 29.8 亿，90%的用户通过移动设备访问他们选择的平台[①]。根据 We Are Social& Hootsuite 最新的统计数据显示，全球活跃用户数超过一亿的主要社交平台有 21 个、超过 10 亿的有 4 个，Facebook 以 21.67 亿的活跃用户稳居全球社交媒体榜首，中国本土的微信、QQ、QQ 空间和新浪微博同样强势占据全球前十的四个席位（图 7-1）。

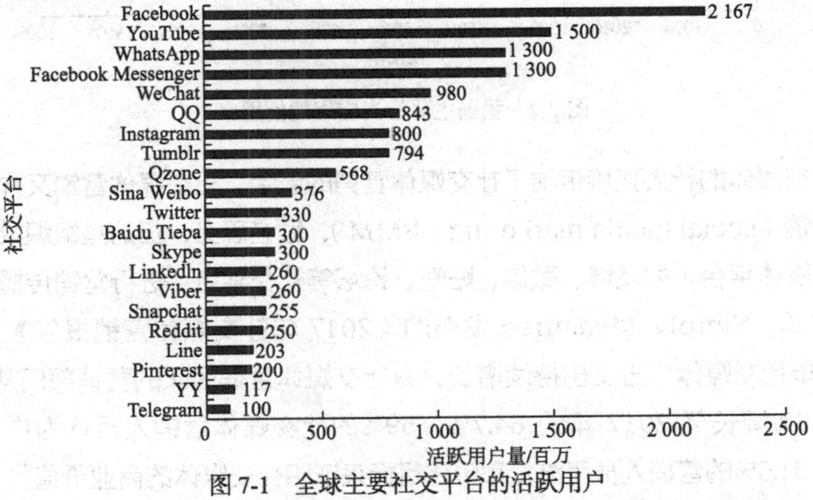

图 7-1 全球主要社交平台的活跃用户

资料来源：We Are Social&Hootsuite：2018 全球数字报告. http://www.199it.com/archives/684591.html，2018-02-01

① We Are Social&Hootsuite：2018 全球数字报告. http://www.199it.com/archives/684591.html，2018-02-01.

近几年，我国社交媒体平台的发展处于快速裂变和更新完善的阶段。首先，在数量上，各类社交媒体平台此消彼长，全新的社交媒体不断涌现，社交媒体竞争异常激烈。其次，在功能上，各类社交媒体平台都致力于构建平台差异化，开发与众不同的产品功能以吸引新用户的长期停留，同时加强对用户生活服务及兴趣爱好的功能开发。最后，社交媒体整个的生态化构建也日趋完善，各式各样的社交媒体层出不穷，整体传播影响力稳步提升。图 7-2 为我国主要社交应用的使用情况。

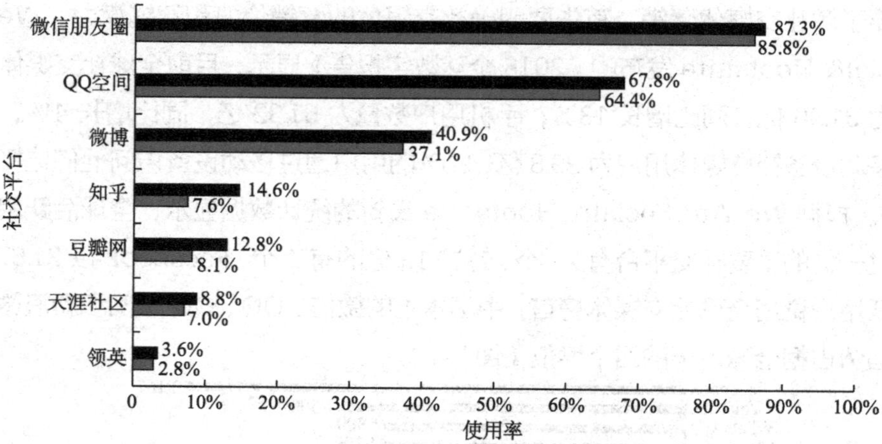

图 7-2 我国主要社交应用的使用率

社交媒体的壮大直接带动了社交媒体营销的繁荣。社交媒体营销又称社会化媒体营销（social media marketing，SMM），顾名思义，指的是组织或个人利用社交媒体平台（如微博、微信、贴吧、论坛等社交平台）进行营销传播活动的一种方式。Simply Measured 发布的《2017 年社交媒体营销报告》显示，2017 年社交媒体广告支出持续增长，有社交媒体营销团队的营销部门从 2015 年的 49%增长至 2017 年的 64.7%。59%的社交媒体营销人员认为广告非常重要，31.6%的营销人员用流量和转化目标来证明社交媒体的商业价值①。

① Simply Measured：2017 年社交媒体营销报告. http://www.199it.com/archives/616705.html，2018-01-11.

二、社交媒体营销的类型

社交媒体是一个不断发展、花样翻新的互联网传播工具，与之匹配的社交媒体营销类型同样丰富而多元，目前关于社交媒体营销的类型并没有形成统一的说法，就现有的研究成果来看，国内外学者多从平台的功能和属性对社交媒体营销进行分类，鲜有学者提出全面而富有洞见的观点。邓乔茜等（2015）综合诸多外国学者的观点，根据社交媒体的属性将社交媒体营销的常见类型归纳为博客营销、媒体共享社群营销、论坛营销、社交网站营销、虚拟世界营销和合作项目营销六类，并详细阐释了六种类型的特点。这种分类方式将注意力放在了营销载体——社交平台上，忽略了社交媒体营销作为一种营销方式的本质。因此，笔者试图从营销的本质出发，对社交媒体营销的类型进行划分。

（一）按照社交媒体营销目的划分

任何形式的营销传播活动都有最终的目的，社交媒体营销也不例外。根据营销目的的不同，可将社交媒体营销分为社交媒体品牌营销、社交媒体事件营销及社交媒体互动营销三大类。社交媒体品牌营销指的是企业利用社交媒体进行的品牌营销行为。品牌形象和品牌理念是企业重要的品牌资产，利用社交媒体进行品牌形象展示、品牌理念宣传及品牌调性认知，能够最大范围地提升品牌知名度。社交媒体事件营销主要指围绕某一具体事件在社交媒体进行的营销传播活动，其重要的特征就是话题性和时效性。社交媒体互动营销则是企业通过社交媒体积极开拓与维护客户关系所进行的营销行为。社交媒体互动营销旨在构建企业与消费者正向的线上交流环境，从而提升用户黏性和品牌情感。

（二）按照社交媒体营销模式划分

互联网诞生以来，各行各业的营销模式都发生了翻天覆地的变化，企业与企业间、用户与用户之间及企业与用户之间的关系链条也被重新定义。根据营销模式的不同，可将社交媒体营销分为 B2B、B2C、C2C（customer to customer，个人对个人）三种类型。B2B 式社交媒体营销指的是企业与企业之间通过社交媒体进行的营销传播活动，包括产品或服务的企业间推广、企业联合推广等营销活动。B2C 指的是企业面向广大社交媒体用户进行的社交媒体营销活动，包括直接在各式社交平台发布产品信息或其他营销内容，也包括通过意见领袖发布相关内容间接影响和关联普通用户。C2C 指的是用户与用户之间在社交媒体上进行和完成的营销活动。例如，知识付费平台知乎上的知识营销、短视频及直播等平台上的打赏行为都属于这类营销。

第二节　社交媒体营销效果主要指标

社交媒体营销效果的测量，包含定性测量和定量测量两种，定性测量更侧重于营销的长期效果，在时间上跨度更大；定量测量则更注重短期的可见性数据，追求营销效果的精准测量。两种测量方式都有其理论依据和实践意义，但在大数据和精准营销的冲击下，营销人员普遍热衷于通过可视的量化数据来衡量某一营销传播活动的实际效果。关于社交媒体营销效果的测评模型，国内外学者均做出了创造性的贡献。

一、社交媒体营销效果测评模型

社交媒体营销形式丰富，种类繁多，目前，学界和业界还没有形成一个系统完整的社交媒体营销效果测评模型，但是已有不少学者开始从不同路径探索构建社交媒体营销效果的测量指标体系，如“认知—态度—行为”路径下的社交媒体营销效果测评指标体系、KPI 框架下的社交媒体营销效果测评指标体系等。在总结前人经验的基础上，笔者试图从时、空、人、物、价值等维度构建场景视角下社交媒体营销效果测评指标体系。

（一）“认知—态度—行为”路径下的社交媒体营销效果测评指标体系

认知、态度、行为是研究消费者-品牌关系的常用思维路径，也是衡量企业营销效果的重要维度。不管测量的具体指标有多复杂，终究要回归到这三个基本层面。基于此，王秀丽等（2017）在总结前人研究的基础上，提出了一套测量社交媒体营销效果的思路原则和指标体系（表 7-1）。该指标体系按照认知、态度、行为三个维度划分具体的测量指标，重点介绍了用户行为方面的测量指标，具有一定的参考意义。

表 7-1　王秀丽等提出的社会化媒体效果测评指标体系

测评维度	测评方向		测评指标举例
认知	阅读/访问		访问量、阅读次数、曝光量、重复阅读
	搜索		被搜索数
态度	情感倾向		支持、反对、中立
行为	线上	针对内容本身的互动	点击/阅读量、转发人数/次数、评论人数/次数、提及人数/次数、引用人数/次数、私信人数/次数、推荐人数/次数
		线上目标行为转化	线上参与活动的人数/次数、用户注册转化率
	线下		销售量、使用/试用量/捐款量、线下参与活动的人数/次数、线下目标行为改变人数/次数

资料来源：王秀丽，赵雯雯，袁天添. 社会化媒体效果测量与评估指标研究综述. 国际新闻界，2017，(4)：6-24

（二）KPI 框架下的社交媒体营销效果测评指标体系

随着数字媒体和大数据技术的迅猛发展，KPI 在行业内的使用频率逐年升高，KPI 的具体测算成为甲乙双方共同关注的问题。一般来说，KPI 的制定是根据营销目标决定的，不同的营销目标会有不同的 KPI 测评指标。例如，对于短期的营销事件，营销人员可能更注重阅读量、曝光量、互动量等短期可监测的KPI；而对于常态化的营销活动，营销人员则会对品牌忠诚度、重复购买率、线下转化率等长期目标进行综合测量。KPI 思维是所有营销人员必须拥有的思维，基于 KPI 的思维框架，Hoffman 和 Fodor（2010）按照社交媒体应用的类型共同开发了一套测量社交媒体营销的指标体系（表 7-2）。

表 7-2 Hoffman 和 Fodor 的社交媒体营销的指标体系

社交媒体应用	品牌知名度	品牌参与度	品牌口碑
博客	•独特的访问数量 •访问数量的回报 •书签的次数 •搜索排名	•会员数 •RSS 提要订阅者的数量 •评论数 •用户生成内容的数量 •现场平均时间 •对投票、竞赛、调查的回应数	•其他媒体的引用数（线上/线下） •转发数 •显示在其他网站上的标记数 •点赞数
微博 （如 Twitter）	•关于品牌的推文数量 •推文的价值（+/–） •追随者数量	•追随者数量 •艾特回复数	•推文转发数
共创 （如耐克官网）	•访问数	•尝试创建数	•其他媒体项目引用次数（线上/线下）
社会化书签 （如 StumbleUpon）	•标签数量	•关注者数量	•附加标签数量
论坛和讨论版 （如 Google Groups）	•数量的页面浏览量 •访问数量 •发布内容的价值（+/–）	•相关主题/线程的数量 •个人回复的数量 •注册的数量	•链接数 •其他网站的引用 •在社交书签标记 •对论坛或其成员的离线引用 •私人社区的内容数量 •点赞数
产品评论 （如亚马逊）	•任何评论的数量 •评论的价值 •其他用户的数量和评论回复的价值（+/–） •添加愿望列表的数量 •用户列表中包含的产品次数	•评论的长度 •相关的评论 •其他用户对评论的评分 •添加愿望列表的数量 •输入评审员评分的总体数量 •平均评论家评级得分	•任何评论的数量 •评论的价值 •其他用户的数量和评论回复的价值（+/–） •其他网站的评论数量 •浏览网页的次数 •用户列表中包含的产品次数

续表

社交媒体应用	品牌知名度	品牌参与度	品牌口碑
社交网络（如 Facebook，Bebo，LinkedIn）	•会员数/粉丝数 •应用程序的安装数 •印象数 •书签数 •评论的数量/评级和价值（+/–）	•评论数 •活跃用户数 •点赞数 •用户生成项的数量（照片、线程、回复） •应用程序/小部件的使用度量 •印象相互作用率 •活动频率（成员个性化配置文件、链接等的频率）	•在朋友的时间轴中出现的频率 •帖子数 •帖子转发/分享数 •对好友推荐邀请的回复数
视频/照片分享（如 Flickr，YouTube）	•视频/照片的浏览次数 •视频/照片的价值（+/–）	•回复数 •页面浏览量 •评论数 •用户数	•嵌入数 •链接数 •实物模型或衍生作品中的引用数 •在其他社交媒体和线下重新发布的次数 •点赞数

资料来源：Hoffman D L，Fodor M. 2010. Can you measure the ROI of your social media marketing. Social MIT Sloan Management Review，52（1）：41-49

（三）场景视角下的社交媒体营销效果测评指标体系

依据平台属性及功能对社交媒体营销效果进行量化评估，能够为营销人员提供针对各个平台的细化目标，也便于营销人员建立类型化的数据追踪系统，但这些测量指标只能说明某一固定时段内的营销效果，并不能为企业的长效营销提供有价值的参考。同时，社交媒体的发展日新月异，依据平台属性及功能进行营销效果的测量已经不能适应数字营销时代的发展要求。在新的传播环境下，价值导向、场景思维、关系营销、体验经济被频繁提起，给社交媒体营销效果的测量提供了更新颖、更有价值的角度。

在互联网时代，场景思维至关重要。场景是发现、创造需求的重要概念，它不单单指空间，还包括时间、人、物、价值等要素。简单来说，场景就是时、空、人、物、价值及其关系的总和。任何形式的营销活动都离不开对场景思维的准确把握及运用，基于此，我们试图构建出一套场景思维指导下的社交媒体营销效果测量指标体系。表 7-3 为场景视角下社交媒体营销效果测评模型。

表 7-3 场景视角下社交媒体营销效果测评模型

场景要素	测评方向	测量指标举例
时间	活动产出时间、用户响应时间	访问时间、平均响应时间、内容制作时间、发布时长
空间	用户位置、营销排名	关键词排名、搜索排名、平均位置
人	用户规模、用户画像	会员数、粉丝数、订阅数、互动率
物	营销载体	社交平台属性、帖子内容构成、帖子类型构成
价值	用户价值、营销价值	千人成本、点击付费、转化率、受众增长率、投资回报率

时间要素的测量主要是评估营销活动的时间周期、用户响应的时间周期以及两者间的对应关系。营销时间点或时间段的选择对于营销活动的效果至关重要，选择适宜的时间有针对性地营销将会取得事半功倍的效果。例如，特定的节假日、吸引社会关注的事件发生期都是很好的营销时间。空间要素的测量主要是观察不同的营销活动展示位产生的不同效果，正如同一事件选择朋友圈营销和微信公众号营销效果是大不一样的。“人”与“物”是所有营销方式的核心要素，没有“人”，营销就失去了靶子；缺乏“物”，营销也就没有了元神。“物”可以理解为营销平台或载体，平台的属性、载体的数量和质量必然影响营销效果；“人”可以理解为营销的目标，目标的数量和类型同样会影响营销活动的全过程。那么，价值是存在于其他所有要素之中的，如何将其他场景要素与价值匹配以达到最佳的营销效果，是考验营销人员场景思维的核心。

二、社交媒体营销效果测评指标

传统的社交媒体营销效果测评指标普遍包含了千人成本和点击付费两个常规指标，随着社交媒体功能的多样化和测评标准的多元化，原有的测评指标难以全面地揭示社交媒体营销的真正效果。基于场景视角和社交媒体的发展，笔者将社交媒体营销效果指标划分为点击指标、流量指标、到达指标、互动指标、转化指标、忠诚指标六类（表 7-4）。

表 7-4 社交媒体营销效果测评指标示例

指标分类	测评指标
点击指标	点击量
	点击率
	每次点击成本
流量指标	流量
	流量比率
到达指标	每千人成本
	粉丝数
	关键词频率
互动指标	转赞评
	病毒传播率
转化指标	转化量
	转化率
	投资回报率
忠诚指标	净推荐值
	满意率
	流失量

资料来源：61 key social media metrics，defined. https://thenextweb.com/socialmedia/2015/03/22/61-key-social-media-metricsdefined/，2015-03-22

1. 点击量

点击量是网络营销最基础的效果测评指标，几乎所有的线上营销传播活动都包含了对点击次数的统计与分析。点击量，即用户对社交媒体中的单个帖子点击的总次数。点击量是最具参考性的效果指标，目前在各种行业中普遍存在“刷点击”的行为，很多品牌通过人力或软件操作进行重复性点击，形成大量虚假数据。营销人员要思考有效规避这一问题的解决方法，这不仅是对广告主切身利益的保护，也是保障行业健康发展的前提。

2. 点击率

点击率，即用户对社交媒体上某个帖子的点击次数与该帖子展示次数的比率，其计算公式：点击率=帖子被用户点击的次数/该帖展示次数×100%。点击率可以较为直观地反映出用户对该广告活动的价值判断，只有能够激发消费者兴趣的帖子才能引起消费者的点击行为。

3. 每次点击成本

每次点击成本是一种按照用户点击进行计费的收费模式，也是当前社交媒体营销最为常见的收费模式，目前的付费广告、社交平台的程序化购买均采用每次点击成本收费模式。在这种收费模式下，只有用户发生点击的行为，广告主才需要买单。

4. 流量

流量可以理解为用户注意力，确切地说，流量就是一定时间内社交媒体上的广告活动为目标网站带来的访问量和访客数。

5. 流量比率

流量是总体的数字，能够从宏观上表现广告营销活动的热度。相比于流量指标，流量比率能够揭示通过哪些途径可以为品牌带来更多流量，这个指标能够清晰地告知广告主流量是怎么来的。流量比率即直接访客、搜索访客和推荐访客等三大主要流量来源的占比。直接访客是指通过直接在浏览器中输入网址进行访问的用户；搜索访客是指通过搜索引擎进行访问的用户；而推荐访客则是指通过其他博客或网站进行访问的用户①。根据流量比率，营销人员可以不断优化自己的推广渠道，进而覆盖到更广泛的人群。

6. 千人成本

千人成本是到目前为止国际上较为通用的一种广告收费模式，即广告每展示1 000次广告主所需要支付的费用。

7. 粉丝数

粉丝数，即品牌在某个社交平台上的粉丝数量或会员数量。很多品牌都在微信、微博、知乎等社交媒体上开通了品牌的官方账号，粉丝数可以直接体现品牌

---

① 61 key social media metrics, defined. https://thenextweb.com/socialmedia/2015/03/22/61-key-social-media-metrics-defined/, 2015-03-22.

在社交平台上的受欢迎程度，新增粉丝数量和新增会员数量可以间接体现社交媒体广告活动的营销效果。

8. 关键词频率

关键词频率即某个具体的关键词或短语在一个品牌的社交图谱中出现的次数①。通过关键词频率的对比，可以明确清晰地看到哪些词句更容易引起消费者的关注，进而对社交媒体的内容和广告文案进行优化。

9. 转赞评

转赞评是转发、点赞和评论的合称，转赞评是测量社交媒体营销活动互动效果的重要指标。转发即单位时间内用户对某一个帖子的转发或分享次数；点赞即单位时间内用户对某一个帖子的点赞数；评论即单位时间内用户对某一个帖子的评论数。一般而言，转赞评越多，参与互动的消费者越多，说明营销活动的互动效果越好。

10. 病毒传播率

病毒传播率是测量社交媒体传播广度和传播速度的指标，它能够直观地反映出品牌营销内容在社交平台上传播的范围，并且清晰地反映出用户裂变的速度。

11. 转化量

转化量是指单位时间内，通过某社交媒体营销广告/活动获得的消费者转化次数。转化是广告主希望借助广告活动引导用户进行的某种消费者行为，包括引导消费者到实体店消费、线上咨询、下载注册品牌 APP 客户端、报名参加活动、分享活动页面等。

12. 转化率

转化率是指在单位时间内，通过社交媒体营销活动采取了广告主所希望的行为的用户数量与总流量之间的比率，其计算方法：转化率=转化量/总流量×100%。

---

① 61 key social media metrics, defined. https://thenextweb.com/socialmedia/2015/03/22/61-key-social-media-metrics-defined/, 2018-07-10.

13. 投资回报率

投资回报率是指某项营销活动的总利润与营销投资总额之间的比率，这个指标能直观地反映营销活动的收益情况，也是衡量社交媒体营销活动是否成功的关键指标。具体到社交媒体上，其计算方法：投资回报率=品牌借助社交媒体营销活动所获得的总利润/品牌在社交媒体上的总投资金额。

14. 净推荐值

净推荐值是指用户向他人推荐、分享产品或服务的可能性指数。根据推荐意愿的高低，可以将消费者划分为推荐者、被动者和批评者三类：推荐者是热衷于向其他人推荐或分享某品牌的忠实用户，被动者是指总体满意但情感上不至于狂热的用户，批评者是指对品牌产品或服务明确表示不满意的用户。净推荐值是反映客户满意度的重要指标，其计算公式：净推荐值=（推荐者数/总样本数）×100%−（贬损者数/总样本数）×100%[①]。

15. 满意率

满意率即用户对品牌的认可程度，通常用一个百分数表示，上限是 100%。这一指标的测量通常借助问卷调查的方式展开，品牌可以通过一些奖励措施鼓励用户给出自己的满意度评分。

16. 流失量

流失量是指在某段时间内，品牌所失去的用户数量。对于社交媒体营销而言，流失量包含了脱粉数、取关数、退订数、卸载数等细化行为指标。

第三节　社交媒体营销效果测评及其面临的问题

社交媒体营销效果测评是广告主进行营销决策的重要参考，也是平台方吸引广告主加大社交媒体广告投放的关键环节。关于社交媒体营销效果的测评众说纷纭，很难构建出一个各方高度认可的测评模型，但总体来看，社交媒体营销效果

---

① 智库百科．净推荐值．http://wiki.mbalib.com/wiki/%E5%87%80%E6%8E%A8%E8%8D%90%E5%80%BC#_note-1，2018-07-10.

的发展前景是可观的。平台方为了获得广告主的青睐，不断加强与广告主的沟通协商，深入了解广告主的营销需求，并优化相应的测量指标系统。广告主也在主动吸收行业内的专业知识，不再过度要求转化型数据，而是向整合营销传播的方向发展。尽管如此，社交媒体营销效果的测评仍然面临很多行业问题。本节将对不同视角下的社交媒体营销效果测评模型进行总结分析，并指出当下社交媒体营销效果测评面临的难题与瓶颈。

一、社交媒体营销效果测评

目前，关于社交媒体营销效果的测评还没有形成一个完善的指标体系。最近几年，国内外相关政府组织、数字营销公司、社交媒体营销专家们从不同角度和侧面对社会化媒体营销效果的评估体系进行了探索性研究。

（一）基于 Web 2.0 应用层面的社交媒体营销效果测评

社交媒体应用层出不穷，如今，社交媒体软件对于用户而言不仅仅可以是一个即时通信工具，还可以成为用户分享、用户问答的兴趣社区。美国互动广告局曾从应用层面对社区网站、博客、社会化网络应用插件提出了相应的社交媒体营销评估指标，笔者在此基础上进行了完善和补充（表 7-5）。

表 7-5 社交媒体营销评估指标

社会化媒体类型	评估指标
社区网站	独立访问人数
	吸引每个访问者平均成本
	网站访问量
	网站停留时间
	回访者人数
博客	某一营销主题下的博客访问量
	涉及某营销主题的博客数量

续表

社会化媒体类型	评估指标
博客	博主的信誉可信度
	博客内容
	内容新鲜度和相关性
社会化网络应用插件	插件的安装数
	活跃用户数
	使用时间长短
	用户档案数
微博	关注量
	阅读量
	点赞量
	转发量
	评论量
知乎	关注量
	赞同量
	感谢量
	收藏量
	转发量

注：表中社区网站、博客、社会化网络应用插件的评估指标转引自李震. 基于用户心理的社会化媒体营销效果评估. 江苏商论，2010，(7)：110-112

（二）基于用户心理的社交媒体营销效果测评

我国学者李震认为，企业可以在分析用户心理的基础上，结合用户满意度、用户参与度、用户品牌认知度等角度对社交媒体的营销活动效果进行测评。在李震看来，社交媒体营销活动效果的测评大致可以分为三个方面：一是结合活动网站对品牌社交媒体营销活动的流量、评论量等数据进行统计；二是结合搜索引擎营销效果对关键词的搜索量、广告排名等指标进行分析；

三是结合传统 KPI 指标对产品销量、品牌认知度等指标进行测量，见表 7-6（李震，2010）。

表 7-6　李震基于用户心理的社交媒体营销效果评估指标

评估方法	评估指标
结合活动网站评估	网站的流量
	评论/回复数量
	跳出率
结合搜索引擎营销效果评估	相关关键词的搜索量
	搜索引擎结果页面排名
	相关网站的收录数
	反向链接
结合传统 KPI 指标评估	品牌认知度
	品牌美誉度
	产品销量
	客户满意度

从场景的角度看，李震的评估模型侧重对“人”与“价值”的宏观测量，但评估的方向均结合其他类型的数字营销效果测评指标展开，针对性不足，并且在具体的测量指标上不够具体。该模型提出了从用户心理出发对广告营销活动进行效果测评这样一个新的参考角度，具有一定的借鉴意义。

（三）基于工具的社交媒体营销效果测评

基于工具的社交媒体营销效果测评主要是指第一方工具和第三方工具。第一方工具指的是媒体平台自带的监测评估工具，如微博和微信的管理后台；第三方工具指的是由媒体之外的独立公司开发的付费工具，如中国新媒体大数据权威平台清博等。微信后台不仅可以提供新增人数、取关人数、打开率和转发率这类浅层次的数据，还能提供用户属性、用户增长等深层次的监测数据。企业可以随时随地查看这些数据，以便调整和优化下一步的营销策略。

Social Media Examiner 基于对 5 700 名营销人员的调查，将他们最常使用的社交媒体营销工具按照使用率进行排名，见图 7-3，结果发现 Facebook 依旧是社交媒体营销的龙头老大，且 49%的营销人员认为其 Facebook 营销是有效的，62%的受访者表示未来会进一步加大 Facebook 营销的投入[①]。

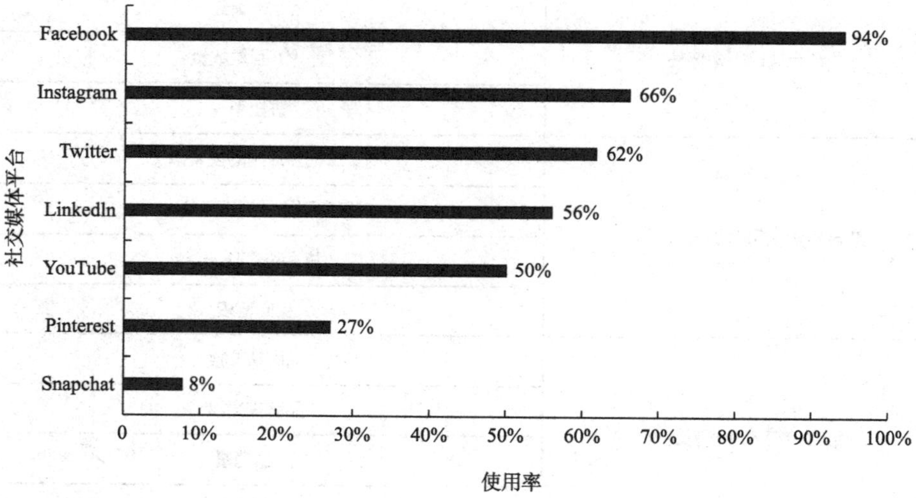

图 7-3　营销人员常用的社交媒体平台

同时，Social Media Examiner 还调查了社交媒体营销为企业带来的收益，这里的收益指的是宏观上的正向影响，并非微观量化数据的变动。如图 7-4 所示，社交媒体的营销对增加曝光和流量能够产生直接影响，对提高企业和品牌的知名度有推动作用。社交媒体营销在开发潜在客户和培养忠实粉丝上起到了促进作用。总体而言，社交媒体的营销效果在“到达”和“互动”指标上效果显著，至于线上线下的转化以及提升销量和销售额等方面并不能在短期内直接产生效益，这也启示营销人员在评估广告活动时，既要考虑短期内可量化的数据，也要意识到社交媒体营销带来的长期效果[①]。

① SME：2018 年社交媒体营销行业报告. http://www.199it.com/archives/730695.html，2018-06-06.

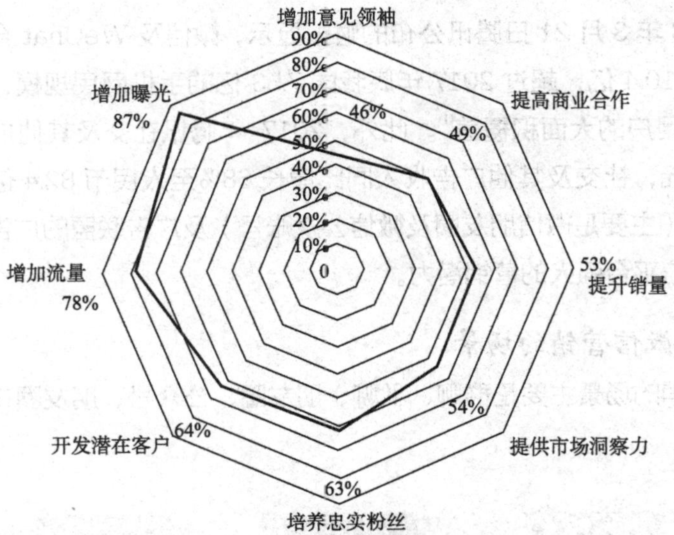

图 7-4 社交媒体营销优势示意图

资料来源：SEM：2018 年社交媒体营销行业报告. http://www.199it.com/archivers/730695.html，2018-06-06.

二、社交媒体营销效果测评案例分析——以微信营销为例

（一）微信平台简介

微信（WeChat）是腾讯公司于 2011 年推出的一个免费即时通信工具。微信最初是通过用户的通讯录来添加好友，与依靠陌生人查找账号来添加好友的 QQ 形成了明显区分，即关系链接的强度不同。经过多次更新发展，微信和 QQ 在很多功能上实现了互联互通，近几年，微信的活跃用户逐年升高，这反映出强关系社交的重要价值。

现在，微信早已告别了即时通信的单一功能状态，逐渐演变成集即时通信、微信朋友圈、公众平台、线上支付、微信广告等功能于一体的综合性社交互动平台。如今，微信凭借近 10 亿的活跃用户坐拥中国最大的移动流量平台宝座，并成功跻身全球数字媒体排行榜前五，全球影响力仅次于 Facebook、YouTube、WhatsApp 和 Facebook Messenger[①]。

① We Are Social&Hootsuite：2018 全球数字报告. http://www.199it.com/archives/684591.html，2018-02-01.

据 2018 年 3 月 21 日腾讯公布的财报显示，微信及 WeChat 合并月活跃用户数量达到 10.4 亿，超过 2017 年底我国 7.53 亿的手机网民规模，实现对国内移动互联网用户的大面积覆盖①。此外，2017 年腾讯社交及其他广告全年收入达 256.1 亿元，社交及其他广告收入同比增长 68%至人民币 82.4 亿元，主要收入来自微信（主要是微信朋友圈及微信公众账号）及广告联盟的广告收入增长②。这证明了微信平台强大的营销潜力。

（二）微信营销的场景

微信营销的场景主要是群聊、私聊、朋友圈、公众号、朋友圈和小程序五大类（图 7-5）。

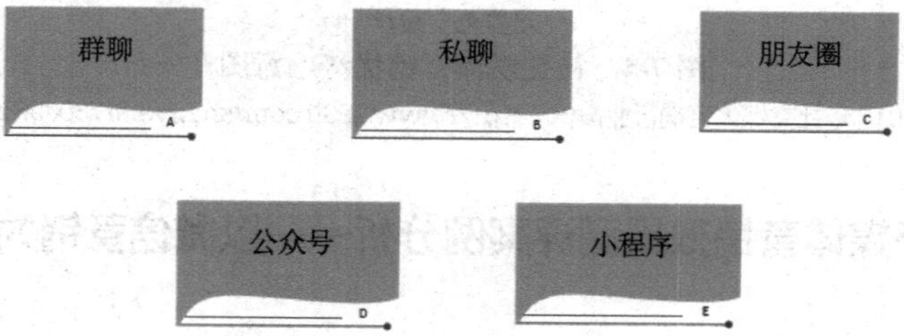

图 7-5　微信营销场景举例

群聊即微信聊天的多人会话窗口或讨论组，属于一对多的沟通形式。私聊即微信聊天的私人会话窗口，属于一对一的沟通形式。朋友圈是微信最主要的社交功能之一，允许用户通过朋友圈进行各类信息的社交表达与分享，并支持部分其他软件信息或内容的分享。用户可以通过朋友圈发布自己的个人动态，也可以评论、点赞他人的动态，微信朋友圈可以实时更新、实时互动，功能类似于 QQ 空间。微商的持续火热离不开微信朋友圈的助力，不少人通过微信朋友圈发布产品信息并进行各式各样的营销活动，取得了良好的经济收益。现在，越来越多的广告商开始投放微信朋友圈信息流广告，这也从侧面证明了朋友圈的营销能力。

① 2018 年中国微信登陆人数、微信公众号数量及微信小程序数量统计【图】. http://www.chyxx.com/industry/201805/645403.html，2018-05-30.

② 腾讯 2017 全年财报：社交广告年收入达 256.1 亿元. http://www.ad-cn.net/read/196.html，2018-03-21.

公众号是微信公众平台的简称，微信公众平台又分为订阅号、服务号和企业号三种类型。其中，服务号旨在为用户提供服务，发送的消息直接显示在用户的会话列表中，有完整的自定义菜单功能，如铁路 12306、中国建设银行等。订阅号主要是为用户提供信息和资讯，如人民日报评论。企业号则侧重于企业内部生产运营管理，只有公司成员可关注。公众号上的广告类型多样，主要有顶部广告、内置广告、底部广告及小程序广告等。

微信小程序诞生于 2017 年，是一款不需要下载安装即可使用的程序，具有轻量、方便的特点，任何企业、组织或个人都可以申请注册小程序。近两年，微信小程序发展势头迅猛，按照属性和功能大体可分为游戏类小程序、工具类小程序和生活服务类小程序三种类型。2018 年 3 月，小程序广告正式开启内测，"跳一跳""弹一弹"等小游戏尝到了小程序广告的第一波福利。现在，微信已开发出游戏广告、公众号文中广告、公众号底部广告、朋友圈广告、小程序广告和视频贴片式广告等多个小程序广告位，并陆续向所有广告主开放。

（三）微信营销案例评析：九阳"用户接触计划"

九阳是一家成立于 1994 年的家电企业，致力于厨房用品的设计与研发，如今已成功入选国家品牌计划。图 7-6 为九阳官网。

图 7-6　九阳官网

作为一家传统的实体企业，在过去的品牌营销中，九阳更多的是选择平面广告和电视广告进行营销传播，对社交媒体营销的接触和投入相对较少。在微信公众号这个营销场景中，一些品牌对内容型微信公众号的应用早已如鱼得水，分走了微信营销市场的一大块蛋糕。相比之下，众多企业的企业号和服务号运营得不太理想，传播影响力平平，九阳“用户接触计划”则是打破这一营销困局的成功案例。

九阳在自身的经营过程中发现，品牌与消费者之间联系不足这一问题导致品牌无法近距离洞察消费者的真实需求，更不能通过良好的互动形成品牌效应。于是，九阳发起了“用户接触计划”，通过九阳企业号和九阳服务号连接内部员工和消费者，形成了良好的营销闭环。九阳以导购场景为关键接触点进行用户开发，用企业号连接导购场景，再用服务号连接消费场景，通过公众号在内部员工和消费者之间建立起稳定而持久的关系。具体来说，就是当消费者在门店购买了九阳产品后，导购员会用一些激励方式鼓励用户主动关注九阳微信服务号。该服务号可以为用户提供查询产品相关信息、申请延保及维修等售后服务，同时在这个过程中，导购员也能获得企业给予的奖励。

案例点评：微信营销是场景营销的突出表现形式。场景营销的核心在于充分运用场景化思维巧妙地对时、空、人、物及价值进行组合。九阳基于微信公众号的“用户接触计划”很好地将场景要素组合在一起，形成微信营销的合力。从消费者的角度看，后期的延保、产品查询、维修都可以在服务号里进行，这为消费者创造了价值；从企业的角度看，通过导购场景联系用户，实现销售数据自动采集和基于LBS（location based servicer，基于位置服务）的售后服务，这是企业追求的利益点；而导购员也能从中直接获得红包激励，更好地服务消费者。这样一个以创造价值为核心的关系链就形成一个良性营销的闭环。同时，九阳的“用户接触计划”在平台选择、时间选择和空间选择上均有不俗表现。零售终端与到店体验的结合、移动终端与平台和品牌的稳定连接，都为九阳大范围地接触用户提供了条件。

三、社交媒体营销效果测评面临的难题

对社交媒体营销活动进行科学有效的效果评估是全行业的一个难题。Social

Media Examiner 发布的《2018 年社交媒体营销行业报告》显示，仅有 44%的营销人员能够测量社交媒体营销的投资回报率，也就是说，一半以上的营销人员对于社交媒体营销的投资回报率是不确定甚至是完全不清楚的。

（一）病毒传播范围广与过程不易控的矛盾

许多营销人员把制造一场刷屏式的病毒传播视为成功营销的标配，殊不知病毒传播和热点新闻一样，随时会出现反转。由于社交媒体的开放性与互动性，任何意见、观点和想法都可以分享出来，营销事件经过一段时间的沉淀后，是以完美谢幕结束，还是引发一轮负面舆情，这是营销活动过程中不可控的未知数。许多企业和营销人员容易被病毒传播时的流量数据冲昏头脑，完全没有意识到后期可能出现的问题，因此，社交媒体营销效果的测评在时间的选取上还有待商榷，不仅要测评即时的营销效果，也要注意观察和评估一段时间后消费者对该营销活动的整体评价。

（二）唯数据论与数据造假的矛盾

行业内对精准传播、定向推送和大数据的过度吹捧导致营销人员把流量、点击率、评论数、点赞数等数据结果当成衡量社交媒体营销成功与否的唯一标准，合作方为了完成相应指标，不惜花大成本美化数据，造成社交媒体营销效果的测评结果掺杂了大量水分。目前，数据造假已经成为行业内一大弊病，很多第三方服务平台会通过特殊软件、水军刷帖等手段制造虚假数据，这给社交媒体营销活动真实效果的测评造成了阻碍。

（三）关注长期效果与关注短期效果的矛盾

社交媒体的营销效果从时间跨度上可以分为长期效果与短期效果，长期效果即需要相对长的时间才能观察和分析的效果，短期效果则是短时间内就可以进行测量的效果。一般情况下，长期效果的测量以定性测量为主，短期效果的测量则以定量测量为主，当下的社交媒体营销效果测评大多以定量测量为主，辅以少量的定性测量。定量指标只能测量一个时间点或某一时间段内的表面数据，至于营销活动对品牌认知度、品牌美誉度、品牌忠诚度、线下转化、重复购买等长期效果的影响，并没有形成较完善的测量指标体系。如同衡量一个国家的实力需要综合测量硬实力和软实力一样，社交媒体营销效果的测评也要注重硬数据和软数据的相互结合。如何平衡定性指标和定量指标的关系，以及如何选择和使用具体的测量方法，是学界、业界需要共同解决的问题。

延展阅读

199IT. 2018. SME：2018 年社交媒体营销行业报告. http://www.199it.com/archives/730695.html，2018-06-06.

Useit 知识库. 2018. We Are Social：2018 年全球数字报告. http://www.useit.com.cn/thread-17902-1-1.html，2018-01-30.

Bob McKay. 2017. The six most effective social media metrics to understand your campaign's success. https://www.forbes.com/sites/forbesagencycouncil/2017/07/14/the-six-most-effective-social-media-metrics-to-understand-your-campaigns-success/#3dfb1d2f64cb，2017-07-14.

Ramona Sukhraj. 2017. 10 social media KPIs you should track and monitor. https://www.impactbnd.com/blog/social-media-kpis，2017-03-09.

参考文献

艾瑞咨询. 2016. 2016 年中国场景营销市场研究报告. http://report.iresearch.cn/report_pdf.aspx?id=2654，2016-10-11.

布迪厄 P. 2003. 实践感. 蒋梓骅译. 南京：译林出版社.

陈海平. 2010. 论搜索引擎广告与用户检索效率之间的关系——以百度为例. 图书情报工作网刊，（10）：27-32.

陈望道. 1976. 修辞学发凡. 上海：上海教育出版社.

陈禹安. 2016. 从“场所”到“场景”的商业跨越. 销售与市场(管理版)，(26)：28-30.

邓乔茜，王丞，周志民. 2015. 社会化媒体营销研究述评. 外国经济与管理，37(1)：32-42.

方迎丰，余思慧，简予繁. 2013. 视频广告概论. 武汉：武汉理工大学出版社.

冯英健. 2013. 网络营销基础与实践. 4 版. 北京：清华大学出版社.

胡晓云. 2007. 品牌传播效果评估指标. 北京：中国传媒大学出版社.

科特勒 P，卡塔加雅 H，塞蒂亚万 I. 2011. 营销革命 3.0：从产品到顾客，再到人文精神. 毕崇毅译. 北京：机械工业出版社.

李梦杨. 2008. 网络视频广告及发展趋势浅析. 中国传媒科技，（9）：39-41.

李震. 2010. 基于用户心理的社会化媒体营销效果评估. 江苏商论，（7）：110-112.

李智. 2014. 场景营销的技术支点. 商界（评论），（11）：86-88.
梁远高. 2016. 论搜索引擎竞价排名的性质及法律规制——从“魏则西事件”谈起. 社会治理法治前沿年刊：349-363.
刘向晖. 2009. 网络营销导论. 2 版. 北京：清华大学出版社.
马林诺夫斯基 B. 2013. 原始语言中的意义问题. 赵肖为，黄涛译. 温州大学学报（社会科学版），262（2）：11-31.
毛从任，张红雨，孙欢，等. 2011. E-mail 营销：网商成功之道. 北京：电子工业出版社.
彭兰. 2015. 场景：移动时代媒体的新要素. 新闻记者，（3）：20-27.
仁科贞文，田中洋，丸冈吉人. 2010. 广告心理. 北京：外语教学与研究出版社.
斯考伯 R，伊斯雷尔 S. 2014. 即将到来的场景时代. 赵乾坤，周宝曜译. 北京：北京联合出版公司.
苏落. 2015. 构建场景——移动互联基础营销杀招. 成功营销，（6）：78-82.
所罗门 M，卢泰宏，杨晓燕. 2014. 消费者行为学. 10 版. 杨晓燕，郝佳，胡晓红，等译. 北京：中国人民大学出版社.
王佰荣. 2014. 展示类网络广告效果分析与定价模型研究. 东北大学硕士学位论文.
王德春，陈晨. 2001. 现代修辞学. 上海：上海外语教育出版社.
王平. 2012. 信息网站搜索引擎广告效果评价. 首都经济贸易大学硕士学位论文.
王玮，冯茜. 2017. 社交媒体营销呼唤回归营销本质. 清华管理评论，(3)：65-77.
王晓华. 2004. 广告效果测定. 长沙：中南大学出版社.
王秀丽，赵雯雯，袁天添. 2017. 社会化媒体效果测量与评估指标研究综述. 国际新闻界，（4）：6-24.
吴声. 2015. 场景革命：重构人与商业的连接. 北京：机械工业出版社.
肖明超. 2011. 如何评估社交媒体的营销效果. 广告大观(综合版)，(11)：152.
徐艳琴. 2016. 基于移动产业视角的场景营销策略分析. 商业经济研究，（13）：65-67.
薛伟莲，刘明星. 2009. 百度搜索引擎竞价排名方式的利弊分析. 科技信息，(33)：161-162.

姚殿芳，潘兆明. 1984. 修辞与语言环境. 语文研究，（1）：6-12.

张弓. 1963. 现代汉语修辞学. 天津：天津人民出版社.

张莹. 2010. 网络视频广告研究. 宁波大学学报（人文科学版），23（4）：126-129.

赵晓鸿. 2006. 电子邮件营销效果的评估指标体系设计. 内江科技，27（2）：46.

朱磊，苏婷婷. 2016. "场景"概念的建构与重构：从地理中心到关系中心. 2016 年第三届中国认知传播学年会. 浙江绍兴越秀外国语学院.

Halliday M A K. 2001. 作为社会符号的语言：从社会角度诠释语言与意义. 北京：外语教学与研究出版社.

Dey A K. 2001. Understanding and using context. Personal and Ubiquitous Computing，5（1）：4-7.

Firth J R. 1950. Personality and language in society. Sociological Review，a42（11）：37-52.

Fishman J A. 1968. Readings in the sociology of language. American Sociological Review，34（4）：608.

Fishman J A. 1972. The Sociology of Language：An Interdisciplinary Social Science Approach to Language in Society. Rowley：Newbury House Publishers.

Hoffman D L，Fodor M. 2010. Can you measure the ROI of your social media marketing. Social MIT Sloan Management Review，52（1）：41-49.

Hymes D. 1967. Models of the interaction of language and social setting. Journal of SocialIssues，23（2）：8-28.

Krishnamurthy，Sandeep. 1999. Permission marketing：turning strangers into friends，and friends into customers. Journal of Marketing Research，77（4）：525-526.

Pascoe J. 1998. Adding generic contextual capabilities to wearable computers. International Symposium on Wearable Computers，（6）：92-99.

Rayport J F，Sviokla J J. 1994. Managing in the market space. Harvard Business Review，72（6）：141-150.

Schilit B N, Theimer M M. 1994. Disseminating active map information to mobile hosts. IEEE Network, 8(5): 22-32.

Sperber D, Wilson D. 2001. Relevance: Communication and Cognition. Beijing: Foreign Language Teaching and Re-search Press.

Strong E K. 1925. The psychology of selling and advertising// Crawley S L. The Psychology of Selling and Advertising. New York: McGraw-Hill Book Company: 242-243.

Valauskas E J. 1996-10-07. Lex networkia: understanding the internet community. https://journals.uic.edu/ojs/index.php/fm/article/view/490.

Verschueren J. 1998. Understanding Pragmatics. London: Routledge.

附录　数字营销效果测评主要术语及指标

一、数字营销效果测评基本术语

数字营销

数字营销就是营销组织使用数字化媒体渠道，针对特定的对象，基于一定的营销目标开展的营销活动。通俗地说，数字营销也就是利用数字渠道向消费者推销产品或服务。数字营销会让我们联想到“在线营销”或“电子营销”，然而，数字营销也包括不使用网页的渠道。它包括移动营销、社交媒体营销、户外 LED 广告、搜索引擎营销和其他任何形式的数字媒体营销方式。

AIDA 模型

1898 年，美国广告专家埃尔莫 · 刘易斯提出 AID 模型，这一模型仅包括三个阶段：Attention（注意）→Interest（兴趣）→Desire（意愿）。1900 年前后，他在该模型基础上添加了 Action（行动），成为今天营销界和广告界最著名的 AIDA 模型。

AIDAS 模型

美国广告学家谢尔顿对 AIDA 模式进行了补充，加上了消费者使用后的满足

（Satisfaction），进一步提出了 AIDAS 模式，即 Attention（注意）→Interest（兴趣）→Desire（意愿）→Action（行动）→Satisfaction（满足）。

AIDMA 模型

消费者接触广告的心理过程可以分为五个阶段，即 Attention（注意）→Interest（兴趣）→Desire（意愿）→Memory（记忆）→Action（行动）。

DAGMAR 模型

1961 年，美国广告学专家 R. H. 科里在全美广告主协会上首次全面论述了广告效果评估的方法——DAGMAR（达格玛），即“defining advertising goals for measured advertising results”的单词首字母缩写，意为“衡量广告效果而确定广告目标”。科里把以往混为一谈的传播目标（包含广告目标）和营销目标作了区分，并将传播目标分解为五个层次：Unawareness（未知）、Awareness（知名）、Comprehension（理解）、Conviction（信服）、Action（行动）。

场景

场景就是人、物、时、空、价值观及其关系的总和。

电子邮件营销

电子邮件营销也经常被称为 E-mail 营销、电邮营销、邮件营销，指在用户许可的前提下，利用电子邮件的方式向用户传递品牌、商品和服务信息，以实现品牌曝光、促销等商业目的。

搜索广告

搜索广告又可以称为搜索引擎广告或者在线搜索广告，是一种通过提前设定关键词，在用户搜索相关信息时将品牌商的广告显示在用户搜索结果页面特定位置的一种付费广告形式，绝大多数的搜索广告包括标题、文本、网址等要素，也有一部分搜索广告含有图片等其他附加信息。

搜索引擎营销

搜索引擎营销是数字营销传播应用领域的一大重要组成部分，广义上的搜索引擎营销泛指在搜索引擎平台上的一切营销活动，如付费搜索引擎广告、搜索引擎优化等，狭义上的搜索引擎营销多指付费搜索引擎广告。

搜索引擎优化

搜索引擎优化是指根据特定搜索引擎的广告排名算法对网站内容和结构进行优化，以提升品牌广告在搜索结果页面的排列顺序。

网络视频广告

网络视频广告属于富媒体广告，是一种以互联网为传播渠道，集合了声音、文字、图片、动画、视频等多种媒体形式的营销传播手段，具有较强的创意性和互动性。与文字链接广告相比，网络视频广告可以使用户产生更强的情感体验，能够在休闲放松的场景氛围下对消费者进行短时间的信息输入。

线性广告

线性广告是指出现在视频节目播放前后或节目播放期间的一种广告形式。如用户在网上观看一部电影时，出现在电影前的一段广告称为前置式（Pre-Roll）广告，强制插播在电影节目中间的广告即为间隙式（Mid-Roll）广告，在电影播放完毕后出现的广告叫作后置式（Post-Roll）广告。

非线性广告

不同于线性广告依据网络视频播放时间位序进行分类的标准，非线性广告表达的是一种网络视频广告与视频节目内容的屏幕位置关系。最常见的非线性广告是叠加式广告（Overlay Ad），通常与视频节目内容同时出现，以文本、动画、图像等形式覆盖在视频播放器顶部或者底部五分之一的面积。

伴随广告

伴随广告相对于叠加式广告，出现在视频播放器之外，常以横幅等形式与视频节目内容伴随出现。一般而言，伴随广告比叠加式广告停留的时间更久。

广告荚

广告荚又可以称为广告组，包含多个线性广告。目前，我国各大视频网站节目之前的视频广告大多采用这种形式，即在 30 秒或者更长的时间内轮番播放多个广告。

在线展示广告

在线展示广告是一种较早出现的网络广告形式，以在线的方式呈现在第三方网站或者搜索引擎结果页面，通过含有链接的文字、图片或动画视频来展示广告内容，以达到推销商品和服务、传播观念、提升品牌知名度、提高消费者购买意愿等目的。

社交媒体营销

社交媒体营销又称社会化媒体营销，指的是组织或个人利用社交媒体平台（如微博、微信、贴吧、论坛等）进行营销传播活动的一种方式。

二、电子邮件营销效果测评指标术语

千人成本

千人成本是衡量广告载体资金利用率的惯用指标。在电子邮件营销领域，CPM 通常指一个电子邮件广告发送给 1 000 个人所需要的成本，计算公式：千人成本=（广告费用/到达人数）×1 000。

发信数

发信数是指在一次营销活动中，企业为实现营销目标一共发送的电子邮件总数。

到达率

到达率是指电子邮件到达用户邮箱的总数与总发信数之间的比例，计算公式：到达率=到达数/发信数×100%。

打开率

打开率是指某电子邮件被用户打开和查看的总数与发送的电子邮件总数之间的比例，计算公式：打开率=打开的电子邮件总数/发送的电子邮件总数×100%。

点击率/单次点击率

点击率是指某电子邮件被用户单次点击的次数与发送的电子邮件总数之间的比例，计算公式：点击率=单次点击次数/发送的电子邮件总数×100%。

点击打开率

点击打开率是指某电子邮件被用户单次点击次数与被用户打开的电子邮件总数之间的比例，计算公式：点击打开率=单次点击的邮件总数/打开的电子邮件总数×100%。

转化率

转化率是指用户因某电子邮件产生的行为转换总数与发送的电子邮件总数之间的比例，计算公式：转化率=用户转换数/发送的电子邮件总数×100%。

取消订阅

取消订阅是指用户向企业发送不再接收该品牌电子邮件的请求，要求将自己的电子邮件地址从企业的邮件清单列表中删除。

抱怨数

抱怨数是指用户将某一电子邮件标记为垃圾邮件的数量。

退信率

退信率是指被弹回的电子邮件总数与发送的电子邮件总数之间的比例，计算公式：退信率=被弹回的电子邮件总数/发送的电子邮件总数×100%。

回复率

回复率是指某一电子邮件的回复总数与发送的电子邮件总数之间的比例，计算公式：回复率=电子邮件回复总数/发送的电子邮件总数×100%。

三、搜索广告营销效果测评指标术语

展示次数

展示次数又可以称为曝光次数，指的是因用户搜索关键词所触发的广告展示总次数。

点击次数

点击次数是指广告出现在用户搜索结果页面后被网民点击的总次数。

点击率

点击率指的是某搜索广告被用户点击的总次数与该广告展示次数之间的比例，即点击率=总点击次数/展示次数×100%。

跳出率

跳出率指的是通过搜索广告短暂停留目标网站（往往是首页）后就关闭企业网站的访问次数与总访问次数之间的比例，即跳出率=只访问目标页面就离开网站的次数/总访问次数×100%。跳出率是反映目标网站对消费者吸引力的一个指标，跳出率越低，说明继续访问网站的人数越多。

广告排名

广告排名是指品牌的推广广告出现在用户搜索结果页面的排位和顺序。

关键词质量

关键词与用户的搜索词相对应，是企业用来锁定潜在目标客户的字词。只有企业设定的关键词与网民搜索的内容相似或相关时，网页才会显示该品牌广告，因此，关键词质量可以理解为广告词与用户搜索词之间的匹配程度。

着陆页质量

着陆页质量测评的是网站内容与用户需求的关联程度和用户的网页使用体验，提升网站内容对用户的价值、缩短页面加载时间、设计清晰简明的浏览界面、增设内容分类标签可以有效提升着陆页质量。

质量得分

质量得分是 Google Adwords 中的一个重要指标，用以综合衡量广告、关键字和着陆页质量，采用 1~10 分制表示。

预算

预算是指广告主愿意为广告推广支付的最高费用。

每千次展示费用

每千次展示费用是指当广告在互联网页面获得千次曝光时广告主所要支付的费用。

每次点击费用

每次点击费用是指广告主为用户的每次点击行为所支付的费用。

转化率

转化率是指消费者因为搜索广告而形成的某一特定行为转化总次数与广告总点击次数之间的比例，即转化率=转化次数/点击次数×100%。

推广地域

推广地域是指广告主可根据目标客户所在的位置设定广告推广的地理范围，即只有在特定地区的用户搜索关键词才会看到品牌广告。

四、网络视频广告营销效果测评指标术语

展示次数

展示次数是指在某一时间段内，网络视频广告以缩略图等形式出现在网页上的总次数。

观看次数

观看次数是指某一时间段内用户观看特定网络视频广告的总数。

观看率

观看率是指在某一时间段内，特定网络视频广告的观看次数与展示次数之间的比率，即观看率=观看次数/展示次数×100%。

平均观看时长

平均观看时长是指互联网用户观看某一网络视频广告的平均时间长度。

平均每次观看费用

平均每次观看费用是以观看次数为基础的定价模式，即平均每次观看费用=总费用/观看次数。

四分报告

四分报告按照用户观看网络视频广告的时间长度，将网络视频广告的播放进度划分为25%、50%、75%和100%四个等级，分别计算出每个等级的观看率。

点击次数

点击次数是指在某一时间段内特定网络视频广告被用户点击的总次数。

点击率

点击率指的是某网络视频广告被用户点击的次数与广告展示次数之间的比率，即点击率=点击次数/展示次数×100%。

互动率

互动率指的是用户与网络视频广告互动的次数和广告展示次数之间的比率，即互动率=互动次数/展示次数×100%。

额外互动次数

额外互动次数是指用户针对整个网络广告视频所采取的一系列互动次数，如点赞、收藏、评论、分享、下载等。

唯一身份 Cookie 数

唯一身份 Cookie 数是指个人网络设备中所储存的 Cookie 数量。

按 Cookie 计算的唯一观看者数量

在某一时间段内，网络视频广告获得唯一身份 Cookie 用户观看的总次数。

每个 Cookie 平均展示频次

在某一时间段内，网络视频广告出现在唯一身份 Cookie 用户面前的平均次数，即每个 Cookie 平均展示频次=展示次数/唯一身份 Cookie 总数。

每个 Cookie 平均观看频次

在某一时间段内，网络视频广告被唯一身份 Cookie 用户观看的平均次数，即每个 Cookie 平均观看频次=观看次数/唯一身份 Cookie 总数。

转化率

转化率是指用户因网络视频广告所产生的行为转化次数与视频广告展示次数之间的比率，即转化率=转化次数/展示次数×100%。

显示后访问

显示后访问是消费者在观看某一网络视频广告后，主动查询、访问广告主品牌网站的行为。

五、在线展示广告营销效果测评指标术语

千人成本

从在线展示广告效果测评的层面上来讲，千人成本又可称为千次曝光成本，即在线展示广告每曝光 1 000 次，品牌主所需要支付的广告费用，其计算公式：千人成本=（广告费用/曝光量）×1 000。

时长付费

时长付费是一种基于投放时间的广告计费模式，在与网站平台约定的时间段

中，无论品牌的在线展示广告被点击多少次，广告费用保持不变。

点击付费

点击付费是一种以用户点击行为为标准的收费模式。在这种模式下，不论广告展示了多少次，只要用户没有对该广告进行点击，广告主就不需要对网站付费。

曝光量

曝光量又可称作展示量，指的是某一时间周期内在线展示广告在固定网站出现的总次数。

完整曝光量

完整曝光量是对曝光量这一效果指标的优化，指的是展示广告的内容真正完全出现在用户浏览器中的总次数，去除了那些因隐藏、遮挡或者延时等原因而没有在用户网页中完整加载出来的广告展示次数。

目标受众曝光量

目标受众曝光量指的是曝光在目标消费者面前的在线展示广告的总次数。

点击量

点击量指的是在某一时间周期内，用户点击某在线展示广告的总次数。

点击率

点击率指的是在某一时间周期内，某在线展示广告被用户点击的总次数与该广告曝光量之间的比例，即点击率=总点击次数/曝光量×100%。

到达量

到达量指的是用户在点击在线展示广告后，完全进入目标网站的总人数。

到达率

到达率是指用户通过在线展示广告完全进入目标网站的总人数与点击在线展示广告总数之间的比例，即到达率=到达量/点击量×100%。

参与率

参与率指的是与在线展示广告进行互动的总人数与在线展示广告曝光数之间的比例，即参与率=互动人数/曝光量×100%。

二跳率

当用户通过在线展示广告到达目标网页时，在目标页面完全展开后进行的首次点击行为被称为“二跳”，二跳的总次数称为二跳量。二跳率指的是二跳量与到达目标网页总人数之间的比例，即二跳率=二跳量/到达量×100%。

转化率

转化率即为某一特定的行为转化总次数与在线展示广告总点击次数之间的比例，其计算公式：转化率=转化次数/点击次数×100%。

六、社交媒体广告营销效果测评指标术语

点击量

点击量，即用户对社交媒体中的单个帖子点击的总次数。

点击率

点击率，即用户对社交媒体上某个帖子的点击次数与该帖子展示次数的比率，其计算公式：点击率=帖子被用户点击的次数/该帖展示次数×100%。

每次点击成本

每次点击成本是一种按照用户点击进行计费的收费模式，也是当前社交媒体营销最为常见的收费模式。在这种收费模式下，只有用户发生点击的行为，广告主才需要买单。

流量

流量就是一定时间内社交媒体上的广告活动为目标网站带来的访问量和访客数。

流量比率

流量比率即直接访客、搜索访客和推荐访客等三大主要流量来源的占比。

千人成本

千人成本是到目前为止国际上较为通用的一种广告收费模式，即广告每展示1 000 次广告主所需要支付的费用。

粉丝数

粉丝数，即单位时间内品牌在某个社交平台上的粉丝数量或会员数量。

关键词频率

关键词频率即某个具体的关键词或短语在一个品牌的社交图谱中出现的次数。

转赞评

转赞评是转发、点赞和评论的合称，转赞评是测量社交媒体营销活动互动效果的重要指标。

病毒传播率

病毒传播率是测量社交媒体传播广度和传播速度的指标，它能够直观地反映出品牌营销内容在社交平台上传播的范围，并且清晰地反映出用户裂变的速度。

转化量

转化量是指单位时间内，通过某社交媒体营销广告/活动获得的消费者转化次数。

转化率

转化率是指在单位时间内，通过社交媒体营销活动采取了广告主所希望的行为的用户数量与总流量之间的比率，其计算方法：转化率=转化量/总流量× 100%。

投资回报率

投资回报率是指某项营销活动的总利润与营销投资总额之间的比率，这个指标能直观地反映营销活动的收益情况，也是衡量社交媒体营销活动是否成功的关键指标。具体到社交媒体上，其计算方法：投资回报率=品牌借助社交媒体营销活动所获得的总利润/品牌在社交媒体上的总投资金额。

净推荐值

净推荐值是指用户向他人推荐、分享产品或服务的可能性指数。根据推荐意愿的高低，可以将消费者划分为推荐者、被动者和批评者三类：推荐者是热衷于向其他人推荐或分享某品牌的忠实用户，被动者是指总体满意但情感上不至于狂热的用户，批评者是指对品牌产品或服务明确表示不满意的用户。净推荐值是反映客户满意度的重要指标，其计算公式：净推荐值=（推荐者数/总样本数）×100%－（贬损者数/总样本数）×100%。

满意率

满意率即用户对品牌的认可程度，通常用一个百分数表示，上限是 100%。这一指标的测量通常借助问卷调查的方式展开。

流失量

流失量是指在某段时间内，品牌所失去的用户数量。对于社交媒体营销而言，流失量包含了脱粉数、取关数、退订数、卸载数等细化行为指标。

后　记

数字营销，就是营销组织使用数字化媒体渠道，针对特定的对象，基于一定的营销目标开展的营销活动。在数字营销迅猛发展的今天，各类数字营销工具日新月异，层出不穷。如何正确选择数字营销工具？如何正确评价各类数字营销工具的功效？如何评价数字营销活动的组合效果？回答这些问题正是本书的目的所在。

本书在参考大量国内外研究文献基础上，结合最新的中外数字营销案例，系统介绍了电子邮件营销、搜索广告营销、网络视频广告营销、在线展示广告营销、社交媒体营销的相关概念、演变历史、基本模型、实战方法和未来发展趋势。

与国内外已出版的同类书籍相比，本书最大的不同之处在于以数字营销领域最新成果为基础，全面介绍数字营销的效果评测原理和方法，充分反映数字营销效果评估的社交化、移动化、场景化的发展趋势。

编写本书的主要目的是满足我国广告及营销传播界对数字营销人才的迫切需求。本书依照高校广告学专业、市场营销等相关专业中的数字营销教学计划，结合新媒体时代高校学生的学习特点，以提高学界和业界在数字营销效果领域中的理论与实践水平。

本书涉及的数字营销是指营销组织使用数字化媒体渠道，针对特定的对象，基于一定的营销目标开展的营销活动。因此本书的研究对象限定在数字营销活动中涉及的各类效果评估指标和评估方法。

本书首先对数字营销的基本概念、效果测评的演变发展以及效果测评的基本模型和测评方法进行深入阐述，再根据不同类型的数字营销形式，分章节对各种数字营销效果的相关概念、术语、演变历史、测评方法和未来发展趋势等方面进行具体分析与解读。

本书特点：①实践性，本书中的案例介绍均来自业界现场，能够指导业界数字营销实践工作；②前瞻性，本书中介绍的原理和方法，能够经得起时间考验；确保内容的时效性；③理论性，它不仅是一部数字营销效果实践的入门工具书，也是一部数字营销效果研究的理论著作；④通俗性，本书避免晦涩难懂的专业术语，所有术语均有详尽细致的解读，并收入书末的附录。

市场尚无同类著作，从学界和业界反馈来看，市场对该类型书籍需求强烈。本书不仅可用于高校广告学、市场营销学、网络与新媒体和公共关系学专业的教学与研究，亦可作为广告、公关、营销、咨询管理和传媒公司专业人士的入门工具书，还可作为企业营销和政府宣传等部门人员了解新媒体传播效果的参考书。

本书在撰稿过程中，得到了武汉大学新闻与传播学院周茂君教授的悉心指导与帮助。同时，在笔者学生的协助下，收集到了大量的数字营销案例和研究数据。在此基础上，苏婷婷、刘璐、李理参与了部分初稿的撰写工作，赵艾嘉、陈嘉欣、钟大成、王晓彤、郑媛媛、骆晓燕和梁世杰等参与了资料收集和整理工作。在此一并致谢。

著者

2019 年 12 月